U0942761

Yilin Classics

DALE CARNEGIE

经/典/译/林

Lincoln The Unknown

林肯传

[美国] 戴尔·卡耐基 著
朱凡希 译

译林出版社

图书在版编目（CIP）数据

林肯传／（美）卡耐基（Carnegie, D.）著；朱凡希译．
—南京：译林出版社，2016.5(2023.10重印)
（经典译林）
书名原文：Lincoln the Unknown
ISBN 978-7-5447-5996-0

Ⅰ.①林…　Ⅱ.①卡…　②朱…　Ⅲ.①林肯，A.（1809～1865）－传记　Ⅳ.①K837.127＝41

中国版本图书馆 CIP 数据核字（2015）第 286775 号

林肯传 ［美国］戴尔·卡耐基 ／ 著　朱凡希 ／ 译

责任编辑　张海波
责任印制　董　虎

原文出版　Dale Carnegie and Associates, 1959
出版发行　译林出版社
地　　址　南京市湖南路 1 号 A 楼
邮　　箱　yilin@yilin.com
网　　址　www.yilin.com
市场热线　025-86633278
排　　版　南京展望文化发展有限公司
印　　刷　江苏凤凰盐城印刷有限公司
开　　本　880 毫米 × 1240 毫米　1/32
印　　张　9
插　　页　4
版　　次　2016 年 5 月第 1 版
印　　次　2023 年 10 月第 18 次印刷
书　　号　ISBN 978-7-5447-5996-0
定　　价　39.00 元

缘起

数年前的一个春日，在伦敦的戴萨特酒店，早餐时分，我一如既往地翻看《晨报》的专栏版，试图搜寻一些有关美国的消息。美国的新闻当然是没有找到；但是，那个幸运的早晨却给我带来了一个重大的意外收获。

在那段日子里，被誉为“下议院之父”的前任议员 T. P. 奥康纳正主持着《晨报》的“伟人与回忆”专栏。在那个特别的早晨以及之后的好些日子里，专栏都是以亚伯拉罕·林肯为人物的特写——并非专注于他的政治活动，而是他事业生涯中个人的一面：他的悲伤，他的屡屡失败，他的穷困，他对安·拉特利奇的深沉爱恋，他与玛丽·托德的不幸婚姻。

我怀着强烈的好奇心，将林肯的系列故事读完。之后，我感到惊讶。我生命中的前二十年是在中东部度过的。中东部距离林肯所在的州并不遥远，并且我一直都在研读美国历史，因此理所当然地，我早该宣称自己知晓林肯的一生。但是，读完专栏故事之后，我发现自己并不了解林肯。事实上，作为一个美国人，我却不得不跑到伦敦，去阅读一位爱尔兰作家撰写的文章，才得知林肯的人生堪称所有人类史书中最吸引人的故事之一。

这仅仅是因为我的可怜的无知吗？我不知道。但是，这个问题很快就有了答案，因为当我与国人探讨这个问题时，很快就发现，国人对林肯的认识与我相差无几。他们所知道的林肯也就只有这些：出生在一个小木屋里；跋涉好几英里去借书，四仰八叉地躺在壁炉前的地板上挑灯夜读；起先干着伐木的营生，之后成长为一名律师；他的笑话很多，说什么男人的腿应该修长得足以触及地面；他被誉为“诚实的阿贝”；与道格拉斯法官激辩，之后便当上了美国总统；他头戴丝绒礼帽；他废除了奴隶制；他在葛底斯堡发表演说；他宣称他想知道格兰特将军喝的是哪个牌子的威士忌，以便能给其他的将军们也送上一桶；最后，在华盛顿的一个戏院里，他被一个名叫布思的坏小子给谋害了。

《晨报》的专栏文章激发起了我的浓厚兴趣。于是，我走进大英博物馆的图书室，大量阅读与林肯有关的书籍。书读得越多，我对林肯越是着迷。终于，我下定决心由我自己来撰写一本有关林肯生平的书。我知道自己没有受过任何写作的训练，更谈不上富有创作的激情、素养和足够的能力，可以为学者和历史学家们提供学问高深的论著。再者，我也感到没有些许的必要再出版一本类似的书籍，因为现有的都已经相当优秀。然而，在读完有关林肯的故事之后，我确实感到有这个必要。我的书应该可以向当今行色匆匆的普罗大众，简练地述说一下林肯事业生涯中最引人入胜的史实。于是，我开始努力撰写这样一本书。

写作始于欧洲。在那里，我艰苦笔耕了整整一年，之后在纽约又花去两年的时间。结果是，我将那三年写下的文字统统撕碎，扔进了垃圾堆。之后，我去了伊利诺伊——林肯曾经心怀梦想并为之艰苦奋斗的地方，拿起笔再次写下林肯的故事。在那里，我与那些和林肯沾亲带故的人们一起度过了好几个月的时光，他们的父辈们曾经帮助林肯开垦土地，修建篱笆，把猪赶到集市上去出售。为了了解林肯，我潜心研读古籍、演讲稿、年代久远的报刊，以及发霉变质的法院记录。

我在彼得斯堡小镇度过了一个夏天。之所以要去那里，是因为它距离修复过的新塞勒姆村仅一英里之遥，而新塞勒姆是林肯人生观的发源地，也是其一生中最幸福快乐之所在。在那里，林肯经营过小作坊，开过杂货店，学过法律，当过铁匠，做过斗鸡和赛马的裁判；他坠入情网，因失去恋人而心痛欲绝。

即使在鼎盛时期，新塞勒姆的居民也没有过百，而它存在的时间总共也就十年左右。林肯离开之后不久，这个村落就变得荒凉了。蝙蝠和燕子在摇摇欲坠的木屋里筑巢，狂野的牛群则在那片土地上觅食了半个多世纪。

好些年前，伊利诺伊州政府终于把那个地方给管制了起来，将它修建成为一个公园，里边复制了一些一百年前模样的小木屋。所以，今天的新塞勒姆看起来颇有几分林肯时代的模样。

那棵白橡树依然挺拔地矗立着，林肯曾经在那棵树底下学习，摔跤，忘情地做爱。每天清晨，我都会带上打字机，从彼得斯堡驱车赶到那棵树下，写下一章半节的文字。在那样的环境里写作是多么地惬意呀！蜿蜒曲折的桑加蒙河在我的眼前静静流淌，环绕在我四周的林木和干草，随着白色小牛仔的声声呼唤而翩翩起舞；蓝色的松鸦、红色的风琴鸟，还有金翼啄木鸟在林中穿梭。林肯在我眼前栩栩如生。

每当夏夜月朗星稀，鸟儿在桑加蒙河两岸的树丛中欢叫的时候，我便会独自一人前往新塞勒姆。拉特利奇的小旅馆在皎洁的月光映衬下，在夜空中活灵活现，它让我不禁想起一百年前，正是在这样的一个夜晚，年轻的阿贝和安手拉着手在月光下并肩漫步。他们聆听着夜莺的歌唱，梦想着注定永远也无法实现的未来。然而，我坚信，新塞勒姆是林肯最能感受到幸福的地方。

写至林肯的心上人去世那一章时，我带上一张小折叠桌和一台打字机驱车穿越乡间小道，经过一个猪圈，再经过一片牧牛的草地，终于来到了这片静谧的土地——安·拉特利奇长眠之所。现在，这片土地完全荒芜了，杂草丛生。为了接近安的坟墓，我不得不大刀阔斧地斩除杂草和灌木。在这个林肯曾默默哭泣的地方，我开始了他悲伤故事的叙述。

许多章节我都是在斯普林菲尔德写就的。有些章节是在老房子的起居室里完成的，那是林肯伤心度过十六年人生的地方；有些章节是俯伏在林肯第一次起草就职演说的桌案上完成的；剩下的章节则是完成于林肯走进法院与玛丽·托德争吵不休的地方。

第一部分

夏夜，林肯和安并肩漫步于桑加蒙河的河堤；两岸的夜鹰在林中吟唱，而萤火虫则在夜空中编织出丝丝金光。

1

在哈罗兹堡——曾被称作哈罗德要塞——曾经有个名叫安·麦金蒂的女人。据史书记载，安和她的丈夫是最早将猪、鸭和手纺机带到肯塔基州的；而且人们还说，安是在那落后、荒蛮的土地上做出黄油的第一个女人。但是，安的出名却源于这样一件事：她创造了一个经济和纺织的奇迹。在那个古老而神秘的印第安乡间，没有人种植棉花，也买不到棉花，而豺狼又把绵羊给吃了个精光，因此织布的原材料压根儿就找不到。然而，聪明绝顶的安·麦金蒂居然想出了一个纺线和制作“麦金蒂布”的好办法：利用荨麻棉和水牛毛这两种廉价而且随处可见的东西。

这可是个特大的发明创造，家庭主妇们从大老远、相距一百五十英里的家中，来到她的小木屋里学习新手艺。她们一边织布一边闲聊。但是，她们的谈论极少涉及荨麻棉和水牛毛，而是很快就转变成了东家长西家短的闲话，而安·麦金蒂的小木屋自然而然地就成了公认的丑闻情报交换地。

在那个年代，通奸是可以定罪的，而养私生子则是极为不端的行为。安一旦得知某个女孩的过失，便会跑到大陪审团那里去告发。在她看来，生活当中没有其他任何事情能比得上这一件事——告发那些女孩可真是太大快人心了！在哈罗德要塞一个季度的法院记录里，有很多可怜的女孩因“安·麦金蒂的情报”而被裁定犯有通奸之罪。1783年的春季，哈罗兹堡法院就有十七桩案子开庭，其中八桩被裁定为通奸。

这是其中的一个通奸案。1789年11月24日，大陪审团做了如下记录：“露西·汉克斯，通奸罪。”

这已经不是露西第一次被定罪。她的第一次是在数年之前，在弗吉尼亚州。

这已是陈年旧事了，可查的记录少之又少，只有些零碎的细节，而事实的背景更是无处可寻；然而，从中还是可以重组这个故事。不管怎么说，故事的关键元素还是存在着。

汉克斯家族在弗吉尼亚州曾经拥有一片狭长的土地，一端连着拉帕汉诺克河，另一端则接着波托马克河。在这片狭长的地带里，还居住着华盛顿家族、李氏家族、卡特家族、方特勒罗伊家族，以及其他一些有权有势的家族。这些权贵们会参加基督教会的礼拜仪式，而与他们相邻的那些贫穷、大字不识一个的家庭，例如汉克斯家，同样也会去参加礼拜。

1781年11月的第二个星期天，露西·汉克斯如往常一样前往教堂做礼拜。这一天，华盛顿将军将他那翘首以待的客人拉斐特将军领进了教堂。人人都期盼着见到这位声名显赫的法国大将军，因为一个月前，正是他协助华盛顿在约克镇打败了康华里勋爵的军队。

那天早上，唱完最后一节赞美诗、祈福完毕之后，教区居民们排成一行，缓缓向前与这两位战斗英雄握手问候。

但是,拉斐特除了军事策略和国家事务之外,还有另一个爱好——对年轻漂亮的姑娘情有独钟。他有这样一个习惯:一旦看上了哪位姑娘,他便会要求接见,并亲吻她以表达赞赏。在那个特别的早上,在基督教堂前,他亲吻了七位姑娘。那天,教区长以圣路加的口吻洪亮诵读《福音》第三章的影响,也远远不及拉斐特的亲吻意义深远。露西·汉克斯就在这七个女孩之列。

这个亲吻所引发的一连串事件,正如拉斐特为我们而战的所有战斗一样,足以改变美国的未来。或许,改变的还有更多。

在那天早上的集会上,还有一个单身汉。年轻的单身汉出身于一个富贵家族,自然对贫穷潦倒、大字不识一个的汉克斯家了解甚少。然而在那天早上,他认为——当然纯粹是他的想象——与其他姑娘所得到的亲吻相比,拉斐特亲吻露西时倾注了更多一些的热情。

这位年轻的庄园主非常尊敬这位法国大将军——既是军事天才,同时又是漂亮女人的鉴赏家。于是,他开始对露西·汉克斯想入非非。清醒过来之后,他意识到这世上杰出的佳丽都是在贫穷的环境下给调教出来的,有些人的家庭背景甚至比露西家的更糟糕。比如说汉密尔顿夫人;比如说迪巴里夫人——一个贫寒裁缝的私生女——从未接受过教育,近乎于一个文盲,然而她却和路易十五并肩统治过法国。这些过往的逸事想起来真让人感觉心里暖融融的,它们使得这个年轻人的欲望变得有尊严。

这一天是星期天。整个星期天,他心里萦绕的都是露西这名小女子。星期二的大清早,年轻人策马赶至汉克斯家脏兮兮的小木屋,聘请露西作为他家种植园里的一名女佣。

其实,年轻人手下已经有了好些奴隶,根本没有必要再雇用人。然而,他还是雇用了露西,给她干些轻活,并且叫她不要和其他奴隶接触。

在那个时候,弗吉尼亚州的有钱人家都将儿子送往英国接受教育。露西的老板曾经上过牛津大学,还将他喜爱的书籍一整套一整套地带回了美国。有一天,他在图书室里闲逛,发现露西坐在那里,手里拿着抹布,凝视着一本历史书中的插图。

这样的举止对于一个用人来说可是非同寻常。年轻人没有在乎露西的用意,他把图书室的门关上,坐下来,给露西朗读插图底下的解说词,并告知其中的含义。

露西以极大的兴趣倾听着。后来,让年轻人惊讶的是,她说她想学会阅读和写作。

天哪!这是在 1781 年!一个女仆有如此的向往,简直令人难以理解。弗吉尼亚州在那会儿还没有开展免费的学校教育，只有不到一半的业主在做交易时能够亲笔签署自己的姓名，而所有的女人在转让土地时都是以记号来应对的。

然而,这个女仆却渴望学习阅读和写作。弗吉尼亚州那会儿最老实厚道的人可以将之称为“危险之举”——如果不是“变革之举”的话。但是,这主意却激发了露西主人的热情,他自愿允诺做露西的导师。那天晚上,晚饭之后,他把她叫进了图书室,开始教她学习二十六个字母。几个晚上之后,他把他的右手抓握在她那拿捏羽毛墨水笔的手上,教她如何拼写字母。他教了她好长一段时间,可以毫无愧色地说,他的教学相当不错。露西的一个手迹现在还保留着,它显示出露西书写时十足的大胆和自信:书写表达了源于自身的灵气和个性。她不但使用了“批准”这个词,而且还将它正确地拼写了出来。

这个成就可是非同一般，因为在那时，哪怕是像乔治·华盛顿那样的男人，在文字拼写时也并非完美无缺。

那天晚上，在完成了阅读和拼写课程之后，露西和她的导师肩并肩地坐在图书室里。透过壁炉里跳跃的火苗，他们久久凝视着在森林尽头升起的一轮明月。

她坠入爱河，深深地信赖着他。然而，这样的盲目信赖一文不值——在接下来的几个星期，他带给她的都是焦虑不安。她茶饭不思，难以入睡。她变得面容憔悴，整个人无精打采。当她觉得连自己都无法否认怀孕这个事实时，她告诉了他。有那么一会儿，他想过和她结婚，但仅仅是一会儿而已。家庭，朋友，社会地位，微妙的关系，恼人的场景……不行！而且，他开始厌倦她了。于是，他花了些钱，把她打发走了。

在这之后的几个月里，人们对露西指指点点，碰面时连个招呼也没有。

一个星期天的早晨，露西制造了一桩轰动一时的大事件——毫不知羞地，她把自己生下的婴儿带去了教堂。集会里有教养的女人们被激怒了，其中一人站了起来，要求“把那个荡妇赶走”。

这样的羞辱已经足够了。露西的父亲不想自己的女儿再受到任何辱骂。于是，汉克斯家人将他们为数不多的家产放上马车，辗转荒野，穿越坎伯兰岬口，最终安家于肯塔基州的哈罗德要塞。在那里，没有人认识他们：他们可以把谎撒得更大，可以不向任何人透露孩子父亲的真实身份。

同样，在哈罗德要塞，露西就像在弗吉尼亚家乡一样逗人喜爱，深得男人的青睐。她又一次坠入情网，而且这一次她迷失得更快。有人发现了她的秘密，这个秘密被传来传去，之后在安·麦金蒂家传开了。如前文所提及的，大陪审团裁定露西犯有通奸罪。司法官知道，露西不是那种视法律为神圣的女人；于是，他将传票塞进口袋里，把露西撂在一边，自顾自地猎鹿去了。

裁定是在 11 月作出的。至次年的 3 月，法院再次开庭。庭间，有个女人恶意中伤露西，并且要求"将这名荡妇拖进法庭"，以回应所有对她的指控。于是，另一张传票又发了出去；但是，趾高气扬的露西将传票撕得粉碎，朝着向她宣读传票的男人扔去。5 月，法院又将开庭。毫无疑问，如果不是有个了不起的年轻人出现，露西到时必定会被拖进法庭，再次受到裁决。

他的名字叫亨利·斯帕罗。亨利·斯帕罗策马进城，将马拴在露西家的木屋前，径直进了屋。

"露西，"或许，他是这样说过，"我才不在意那些女人对你的评说。我爱你，我要你做我的妻子。"不管怎么说，他确实向她求了婚。

然而，她并不愿意马上结婚。她不愿意镇上充斥流言蜚语，说斯帕罗被迫结婚。

"亨利，我们要等上一年，"她坚持道，"在这一年里，我要向每一位证实，我靠我自己也能过上体面的生活。如果在这一年的年底你还爱着我，那就来吧，我会等着你的。"

1790 年 4 月 26 日，亨利·斯帕罗领取了结婚证书，再也没人提及传票的事。差不多一年之后，他们结婚了。

这桩婚事让安·麦金蒂那群人不断地摇头和饶舌：这婚姻不会长久，露西又会走回她的老路。人人都听到了这些闲言碎语。亨利·斯帕罗也听到了。他要保护露西，于是他建议往西部迁移，在友善的环境中开始全新的生活。她拒绝了这种习以为常的逃避方式。她说她并不差劲；而且在说这句话的时候，她的头是高高昂起的。她不打算逃离，她下定决心要在哈罗德要塞生活一辈子，一决胜负。

时光飞逝。她的两个儿子成长为传教士，而她其中的一个孙子——她那私生女的儿子——成了美利坚合众国的总统。他就是亚伯拉罕·林肯。

我之所以讲述这个故事，是为了让大家知悉林肯的祖辈。林肯秉承了他那弗吉尼亚祖母的良好禀赋。

威廉·H. 赫恩登曾是与林肯共事二十一年的合作伙伴。他应该比现今在世的任何人都更了解林肯。幸运的是，他在 1888 年为林肯撰写了三卷本的传记。在有关林肯的大量作品中，这应该是最重要的了。在此，我摘录第一卷第 3 页至第 4 页中的部分内容：

> 我记得只有一次林肯提及他的祖先和家庭背景。大约是在 1850 年，我们两个人乘着他那辆轻便马车前往伊利诺伊州的默纳德县。我们即将参与辩护的这起诉讼，直接或间接地涉及到遗传基因的主题。途中，我第一次听他聊起他的母亲。他谈及自己母亲的性格，细数自己从母亲身上所秉承下来的品行。除此之外，他还告诉我他母亲的情况：她是露西·汉克斯的私生女，是个知书达理的弗吉尼亚农妇。他分析说，正是母亲的个性和成长背景造化了他的思辨能力，他的逻辑推断力，他的内心世界，他的远大志向，以及在汉克斯家族后代成员中，其与众不同的禀赋。因此，他认定的遗传基因理论是，出于某种原因，非婚生孩子往往比合法出生的子嗣更强壮、更聪慧。因而他坚信，他那高

人一等的禀赋和过人的智慧源于这位心胸宽广而又默默无闻的弗吉尼亚母亲。回忆是痛苦的，随着马车一路上的颠簸跋涉，林肯频频哀婉祈祷："上帝呀，请保佑我的母亲吧！无论是过去还是将来，愿上帝和母亲同在。"紧接着，他默默无语。我们的思想交流终止了下来，再也没有说过只言片语。林肯陷入了深深的哀伤，一直沉浸在对自己身世的探寻和揭示之中不能自拔。而我也只有以沉默相对，唯恐惊扰了他的冥想。他那抑郁的语调和哀伤的措辞，给我留下了深刻的印象。这次公务旅程让我永世难忘。

2

林肯的母亲南希·汉克斯，是由其叔叔和婶婶抚养长大的，可能压根儿就没有上过一天学。她不识字，不懂书写，在做交易时仅以符号作些记录凑合应付。

南希·汉克斯在沉寂的森林里深居简出，少有朋友。二十二岁那年，她和肯塔基州一个最没文化、身份最低贱的男人结婚。那是个鲜有情趣、对人生知之甚少的劳工和猎人，名叫托马斯·林肯。不过，在那落后的茂密藤丛中，安居的人们都称呼他为“林克汉”。

托马斯·林肯是个流浪汉，他总是从一个地方漂泊到另一个地方。饥饿难耐的时候，他啥活儿都干。他修过马路，砍伐过林木，捕猎过狗熊，犁过田地，种过庄稼，修造过猪圈。史料显示，他还曾经扛过枪，在三个不同的场合当过狱卒。1805 年，肯塔基州哈丁县还雇用过他，用以追捕和鞭挞违抗不从的奴隶，时薪是 6 美分。

托马斯·林肯对金钱没有任何感觉：他曾经在印第安纳州的一个农场一待就是十四年，而在那期间他却一文不剩，难以支付每年 10 美元的土地租金。还有一次，家里的生活捉襟见肘，他的妻子只能用野荆棘来缝制衣裙，可他倒好，跑到肯塔基州伊丽莎白镇的一个小店，以贷款的方式为他自己买下一条银白色的吊带长裤。仅仅相隔不久，在一次拍卖会上，他用3美元买下一把利剑。也许，哪怕是在光着脚没有鞋穿的时候，他也会穿上那条银白色的吊带裤，再佩带上那把昂贵的利剑。

婚后不久，这一家子迁往小镇，托马斯尝试着以木匠营生。他得到了一份建造小作坊的活儿，可他却不懂丈量木料，不知如何将木料按正确的尺寸切割。由于他的笨拙，雇主断然拒绝付给他工钱，之后还引发了三场官司。

托马斯·林肯出生在大森林，尽管那里的生活百无聊赖，但托马斯还是意识到，那才是其归属所在。于是，他带上妻子重新回到森林边一个贫瘠、寸草不生的农场，从此再也没有轻率地抛弃过生他养他的故土。

距离伊丽莎白镇不远处有一大片出了名的"秃头地"，在那块地上，没有一棵树能够成材，因为长期以来印第安人一直在那里放火烧林，林子里大大小小的树木已被焚烧殆尽。如此一来，粗生粗养的牧草倒是在阳光下疯长，形成了大片的草原，水牛到那去撒野、觅食。

1808年12月，托马斯·林肯以每英亩近67美分的价格在"秃头地"买下了一个农场。农场里有个猎人的茅草屋，还有一座四周被野苹果树环抱的小木屋。距离房子半英里之遥流淌着诺林河，初春时节，山茱萸便会在两岸怒放。夏季里，山鹰在蓝天下懒洋洋地回旋，而高高的草甸在风中翻滚，仿佛阵阵波涛在绵延的绿海中汹涌。有些许生存判断力的人都不会选择在这里定居，因为冬季的时候这地方是肯塔基州最孤寂、最荒凉的地区之一。

1809年的寒冬，就在这片荒凉"秃头地"的茅草屋里，亚伯拉罕·林肯来到了这个世界。他出生在一个星期天的早上，在一张塞满玉米穗的木板床上。那是2月里的一个暴风雪天，草屋四面漏风，雪粒随着刺骨的寒风飘落在床上，飘洒在覆盖着南希·汉克斯和婴儿的那张熊皮被子上。九年之后，农垦生活的艰辛使得南希在三十五岁那年便离开了人世。她从来不知何谓幸福。无论她走到哪里，围绕着她的都是闲言碎语和有关她那私生女的卑贱出身。多可惜啊！她无法看到，在那样的一个清晨，一个心存感激的民族，在她为之承受劳作之痛苦、忍受流言之折磨的地方，为她建起了一座大理石纪念碑。

那时，流通的纸币在旷野地带往往没有什么价值，绝大多数纸币都一文不值。因此，猪、鹿肉火腿、威士忌、浣熊皮毛以及农产品都被用做交换的媒介。有时候，牧师们甚至会将威士忌作为做礼拜的报酬。1816年的秋季，当亚伯拉罕七岁的时候，托马斯·林肯变卖了农场，换回了大约四百加仑的玉米威士忌，然后举家迁移到印第安纳州的森林地区居住。那个地方同样是那么荒凉、那么与世隔绝，最近的邻居是个专事捕杀狗熊的猎人。他们的四周被乔木、灌木和葡萄藤层层包围，人们每走一步都必须以斧头开路——丹尼斯·汉克斯称之为"灌木丛中的洗礼"。就是在这样的环境下，亚伯拉罕·林肯度过了他生命中的十四年光阴。

这一家子到达印第安纳州的时候，冬天的第一场雪已经降临，托马斯·林肯匆匆搭起了一座三边形的帐篷——现今人们将之称为茅棚。它没有地板，没有门，没有窗户，只有三面篷身和一根支撑棚子的木杆。帐篷的第四面洞开，任由寒风、飞雪和细雨钻进屋子里。要是在当今，印第安纳州的农夫决不会在冬季里将自家的牲口赶进如此粗陋的茅棚里；然而，托马斯却觉得这棚子已经足够好了。他和家人就在那里度过了1816年至1817年的漫长冬季,那可是有史以来最严峻、最寒冷的冬季之一。

在棚子的一角,一堆树叶和熊皮堆放在脏兮兮的地板上。南希·汉克斯和她的孩子们,就像狗似的蜷缩在那堆树叶和熊皮下睡觉,艰难地熬过了那年冬天。

至于食物,他们没有牛油,没有牛奶,没有鸡蛋,没有水果,没有蔬菜,甚至连马铃薯也难以找到。他们主要靠野味和坚果度日。

托马斯·林肯曾试着养猪,但是那里的狗熊实在是太饿了,只要一抓到猪,便会将家猪生吞活剥得精光。

在印第安纳州,亚伯拉罕常年累月地忍受着可怕的贫穷和困苦,他当时的日子比之后那些被他解放的成千上万的奴隶们的生活要悲惨得多。

在那个地区,几乎没人知道牙医这回事,而距离林肯家最近的医生也在三十五英里之外。所以,当南希·林肯犯牙疼的时候,托马斯只有仿效当时开荒者的做法:他把山核桃壳削尖,再用石头把那尖壳敲进南希那疼痛难忍的臼齿的缝里。

早年,开垦者在中东部地区都得过一种神秘的疾病,人们称之为"牛奶病"。得了这种病的牛、羊、马,有时候甚至是整个社区的人,都不能幸免一死。它困扰了医学界整整一个世纪之久,没有人知道其病因。直到 20 世纪初,科学实验才揭开谜底:动物吃了一种名叫白蛇根的植物而引起中毒。人们只要一喝上中毒的牛奶也会随之病倒。白蛇根一般在茂密的森林和阴暗的沟壑里疯长,即使在今天,它也对人类的生命构成威胁。每年,伊利诺伊州农业署都会在县城张贴布告,警告农民必须铲除这种植物,否则生命难保。

1818 年的秋天,这种可怕的瘟疫降临到了印第安纳州的巴克罕山谷,将许多家庭血洗一空。南希·林肯前往离家仅半英里之外的猎人彼得·布鲁纳家照料猎人犯病的妻子。布鲁纳夫人最终还是死了，而南希也突然间病倒。她觉得天旋地转，肚子疼痛难忍，不停地呕吐，人们只好把她抬回家，放在那树叶和皮毛铺就的草垫上。她的四肢冰凉，但是她的身体却像火烧一般，她不停地叫嚷着要喝水，要更多的水。

托马斯·林肯非常迷信，他对迹象和预兆深信不疑。南希得病的第二天晚上，有一只狗在茅棚外长时间哀鸣，于是托马斯放弃了一切希望，他说南希就要去了。

后来，南希连从枕边抬一抬头的力气都没有了，一个词儿都说不出来。她把亚伯拉罕和他的妹妹叫到床边，要求他们弯下腰来倾听：友好相处，遵从上帝，按她所教导的那样去生活。

这就是她的遗嘱。那时，她的喉咙和肠道系统都已经处于麻痹的状态。陷入长时间的昏迷之后，在生病的第七天，即1818年10月5日，南希离开了人世。

为了能让南希闭上双目，托马斯·林肯将两只铜板放在她的眼睑上；之后，他来到森林里砍树，将树劈成粗糙、凹凸不平的木板，再用木栓将木板钉在一起便成了一口棺材。托马斯将露西·汉克斯的女儿那饱经风霜、疲惫不堪的躯体放进了这口棺材。

两年前，他用一辆雪橇将她带进这片恶土来讨生活，现在，他再次驾驶这辆雪橇，将她的躯体拉往离家四分之一英里之外的密林山顶。没有葬礼，南希就这样被下葬了。

就这样，亚伯拉罕·林肯的母亲永远离开了人世。我们或许永远也无法知晓她的容貌和行为方式，因为在她短暂的一生中，绝大多数时间都是在阴郁的森林里度过的，只有极少数从她家路旁经过的人对她留有些许印象。

林肯去世后不久出版的一本传记，曾提及这位总统的母亲。那时，她已经不在人世达半个世纪之久。传记作者采访了曾经见过南希的为数不多的在世者，然而他们的记忆模糊得仿如一场逝去的迷梦。甚至对南希的外貌，他们都没有一个统一的说法。有人说她是个“强壮、矮胖的女人”，但是又有人说她“小巧玲珑”。有个男人认为她的眼睛是黑色的，另外一个则认为是淡褐色的，也有人信誓旦旦地说南希的眼睛是蓝绿色的。丹尼斯·汉克斯——南希的堂兄，曾经和她在同一屋檐下生活了十五年——认为她的头发是“灰白”的；而在进一步的思索之后，他又认为她的头发是黑色的。

南希离世后的六十年里，其安息之地没有任何石碑，所以我们今天只能知道其墓穴的大概所在。她被葬在叔叔和婶婶的墓穴旁边，他们曾经抚养过她；但我们无法分辨出她墓穴的具体所在。

南希死前不久，托马斯·林肯就已经建起了一座新木屋。这次是四面体的，但是屋内没有地板，也没有门窗。一块脏兮兮的熊皮悬挂在出入口，屋内脏乱发霉。托马斯·林肯的大部分时间都花在林子里狩猎，留下那两个没娘的孩子打理家务。萨拉做饭，亚伯拉罕生火，并去一英里以外担挑泉水。没有刀叉，他们只能用手抓饭。他们的双手极少清洗，因为很难取水，也没有肥皂。去世之前，南希自己可能做了些灰碱液，但所留有限，而孩子们又不知该如何制作，托马斯·林肯也不愿意去做；所以，托马斯和孩子们只能在邋遢和贫困中度日。

在漫长的寒冷冬季岁月里，他们懒得洗澡，并且也极少换洗他们那油腻腻的破衣服。他们床上的树叶和兽皮发出令人窒息的恶臭。阳光透射不进小屋，屋子得不到消毒，他们唯一的光源来自壁炉，或者猪油灯。我们从垦荒者对小屋的精确描述中可以得知，失去女主人的林肯小屋会是个什么样子——屋子里满是臭虫和跳蚤，臭气熏天。

熬过了一年的邋遢和困顿，老托马斯·林肯再也无法坚持下去了，他决定迎娶一位新的妻子来料理家务。

十三年前，托马斯曾经在肯塔基向一位名叫萨拉·布什的女人求过婚。萨拉拒绝了托马斯，转而嫁给了哈丁县城的监狱看守。现在，看守已经去世，并留下三个孩子和一笔债务给萨拉。托马斯·林肯觉得这是个重新求婚的好机会。于是，他来到小溪旁，全身上下做了一次彻底的清洗，还用沙子刮洗了他那积满污垢的双手和脸庞。托马斯将那把利剑捆扎在腰间，穿越茂密的森林朝肯塔基的方向奔去。

托马斯来到伊丽莎白镇，买下第二条银色的吊带裤，吹着口哨，意气风发地在街道上来回游逛。

那是1819年，有很多事情发生，人们都在津津乐道世界的进步，一艘蒸汽动力船已经成功横渡了大西洋！

3

林肯十五岁的时候学会了二十六个字母，并且能勉强阅读一些片言只语，但他仍旧不会写字。1824年的秋天，一名落后地区的教书匠漂泊到皮金河开办了一所学校。林肯和他的妹妹每天穿越树林，步行四英里，去向这位名叫阿泽尔·多尔西的新老师求教。在多尔西的学校里，孩子们的瞎闹劲儿是家喻户晓的。多尔西相信，只有让学生们大声嚷嚷，教师才可以分辨出哪些学生在真正学以致用。他在教室里来回踱步，手里拿着鞭子，只要哪位学生不吭声，他就会一鞭子打下去。知道有这么一个"奖赏"，每一位学生都会竭尽全力大声嚷嚷，以便突出自己的声音。通常情况下，这闹哄哄的叫嚷声在四分之一英里以外都能听见。

上学的时候，林肯总是戴上一顶松鼠皮做的鸭舌帽，再穿上一条鹿皮做的马裤。裤脚处裂开了一个大口子，因此马裤根本无法遮护林肯的下肢和脚踝；林肯的双腿只有暴露在寒风和雨雪之中。

学校其实就是一座低矮的小木屋，老师根本无法在里头站立。屋子里没有窗户。墙体的每一面都被抽下一根木条，然后用油纸糊上，这样屋子里就有了些许光亮。地板和座椅也是用劈开的木条做成的。

林肯的阅读材料选自《圣经》;至于书写练习,他则以华盛顿和杰斐逊为榜样。他的笔迹与他们两人很相似,都是那么清晰和别具特色。他的字体得到左邻右舍的赞赏,不识字的邻居们会步行好几英里,请求林肯帮他们写信。

林肯对学习产生了浓厚的兴趣。学校的学习时间不够用,他就继续在家学习。纸张在当时非常奇缺,而且价格不菲,他便用炭根在木板上书写。有时候,他会在木屋四面墙体平滑的木面上计算。一旦数字和字母密密麻麻地填满了整个墙面,林肯便会用刀子将它们刮掉,墙体由此焕然一新,他就又可以在上面写字了。

由于太穷,林肯买不起算术书。他借来一本,从头至尾抄在纸上,然后用麻绳装订。这样,林肯便有了一本属于自己的算术书。在他去世的时候,他的继母还留存着这本算术“书”的某些部分。

彼时,林肯已经显现出一种与其他落后地区的学生们完全不同的气质。他渴望就很多问题发表自己的见解;有时候,他甚至想吟诗作赋。他曾经将诗稿和散文交给他的邻居威廉·伍德阅读,以求评判。他的诗作和散文受到关注,一名律师将它们结集出版。俄亥俄州的一份报刊还专门刊登过他的一篇有关禁酒的文章。这些都是后话。他的第一篇文章的灵感,源于他的伙伴们在校园里的残忍游戏:伙伴们常常抓来一些乌龟,在龟背上放些燃烧着的煤炭。林肯请求同伴们停止这种游戏,并跑去用赤裸的脚丫子把煤炭踢走。他的第一篇文章就是呼吁人类对动物要有悲悯情怀。这个小男孩已经流露出了成人特有的、对痛楚的同情心。

五年之后,林肯断断续续地上了另一所学校——如其所言,仅仅是“受过一点教育”而已。

之后，林肯再也没能接受任何正规教育，其学历加起来总共不过十二个月的时间。

1847年，林肯晋升为国会议员，在填写简历被问及“教育程度”时，他仅以一词作答：“不完备。”

当被提名竞选总统的时候，林肯说：“成年之时，我还不谙世事，但不管怎么说，我还是学会了阅读、写作和基本的三则运算。这就是我受到的全部教育，之后，我再也没有上过学。我当今在学识方面的小小进步得益于压力和需要。”

到底是哪些人曾经做过林肯的导师呢？当然是那些学识肤浅、四处漂泊的教书匠，他们对巫术深信不疑，甚至还认为地球是平的。然而，正是这些支离破碎的求学历程，培育了林肯人类最宝贵的品格之一：对知识的热爱和对学习的渴求，那可是只有接受过大学教育的人才能具备的素养。

阅读能力的培养为林肯开启了一个全新的魔幻世界，一个他之前从未梦想过的世界。这个世界改变了他；这个世界给予他新鲜的视野，让他茅塞顿开。在生命中的二十五年岁月里，阅读始终是林肯生活激情的主要所在。他的继母曾经收藏有这五本书：《圣经》、《伊索寓言》、《鲁滨逊漂流记》、《天路历程》和《水手辛巴德》。小林肯如饥似渴地阅读这些无价之宝。他把《圣经》和《伊索寓言》放在伸手可及的地方，以便能时时阅读。这两本书深刻地影响了他的为人处世、他的谈话策略，以及他的雄辩风格。

但是，这些书籍远远未能满足林肯的求知欲。他渴望有更多的书可读，但是却没钱买书。于是，他开始向别人借，只要是铅印的材料，不管是报纸还是书籍,他都要。他远涉俄亥俄河南岸,从一名律师那里借出一本《印第安纳州修订后的法律》的复本。由此,他首次接触到了《独立宣言》和《美国宪法》。

林肯常常帮助邻居挖树坑和收玉米,这样便可以从邻居那里借出两三本传记。其中一本是帕森·威姆斯所著的《华盛顿生平》。林肯对它如痴如醉,晚上必须读到无法分辨字体时方才罢休。睡觉的时候,他把书放在木屋的墙缝里,这样就可以在早晨第一道光线射进屋子时便开始阅读。有一天晚上,刮起了狂风,下起了暴雨,书被水浸透了。书的主人拒绝收回这本破书,林肯只好捆扎了整整三天的干禾秆作为赔偿。

在林肯所有的借书中,《斯科特教程》是最让他受益的。这本书不仅指导了他如何发表公众演说,并且还让他领略了古罗马雄辩家西塞罗和古希腊演说家狄摩西尼的著名演说,以及莎士比亚戏剧中的各色人物。

林肯常常手中握着《斯科特教程》在林中来回漫步,高声朗诵着哈姆雷特的警言。他还不断吟诵安东尼在凯撒尸体旁的旷世绝句:"朋友们,罗马人,乡亲们,请听我说,我是来埋葬凯撒的,不是来赞美他的。"

读至兴趣盎然之时,如果手头上没有纸,他便会将文字刻在木板上。最终,他自己做了一个粗糙的剪贴板,他用羽毛沾上野果汁,在木板上抄写下自己喜爱的全部词句。他随身带着剪贴板,一有空就诵读长长的语句和演说,直至能背出来为止。

在田间劳作的时候,书本也伴随着林肯。趁着马儿在玉米堆旁边歇息的当儿,他就坐在篱笆的高处读起书来。午间,家人都坐下来就餐了,可林肯却半躺着看书。他一只手拿着玉米团,另一只手拿着书本,双腿高高翘起——高过脑袋,整个人都沉浸在字里行间的情境里。

镇上法院开庭的时候,林肯常常会步行十五英里去倾听律师们的辩论。之后,在田间劳作时,他会时不时地放下锄头和草叉,爬上篱笆,重复他所听到的律师们的演说。有时候,他还模仿那些牧师星期天在皮金河教堂的洗礼布道。

阿贝还常常将《女王的俏皮话》带到田间。那是一本笑话集,他总是坐在木屋里为大伙大声朗读此书的章节,听众的阵阵狂笑往往回荡在林间。然而,玉米地里的杂草却在疯长,田里的麦苗也枯黄了。

雇用林肯的工头抱怨道:“他太懒了。”林肯承认这一点。“我父亲教我农作,”他说,“可他从来没有教我热爱农作。”

最后,老托马斯·林肯发出了断然命令:终止所有这些愚蠢的行为。可是,这种行为终止不了,阿贝还是不停地讲笑话,发表演说。有一天,在众目睽睽之下,老托马斯给了阿贝一个重重的巴掌,还把他打倒在地。阿贝哭了,但他一言不发。父亲和儿子之间的隔阂由此而生,而且一直持续在他们日后的岁月之中。尽管在托马斯年迈的时候,林肯在经济上给予过关怀和支持,然而在1851年,当老人躺在床上等待上帝判决之时,儿子却没有去看望过他。林肯说:“如果我们现在相见,都不知道是痛苦多些还是喜悦多些。”

1830年的冬天,“牛奶病”再一次爆发,死亡又一次席卷了印第安纳州的巴克罕山谷。

托马斯·林肯心中充满了恐惧和沮丧。他处理掉家猪和玉米,以80美元的价格卖掉了他那满目疮痍的农场。他把有生以来所拥有的第一辆自制的笨拙马车装上家人和家具,将马鞭交给阿贝,吆喝着牛群,朝着伊利诺伊州的一个山谷赶去。印第安人将那个山谷叫作“桑加蒙”——“丰衣足食之地”。

牛群在茂密的印第安纳森林里蠕行了两个星期。笨重的马车“嘎吱嘎吱地”翻过山丘,越过苍凉的伊利诺伊大草原无人区,踏过在夏日阳光下足有六英寸高的枯黄草丛。

在温森斯,林肯第一次见到了报纸,那年他二十二岁。

在迪凯特,他们这批移民在法院前的广场露营。二十六年之后,林肯还能准确指出马车停靠的位置。他说:“那时我并不知道自己也有可能成为律师。”

赫恩登告诉我们:

> 林肯先生曾经向我描述过这段旅程。他说,那时寒冬尚未逝去,马路上的冰霜在白天才刚刚开始融化,可一到夜晚就又会重新凝结上一层厚厚的冰块。这样的路况拖延了旅程,尤其是给赶着牛群的旅程徒增了疲惫。当然,那个时候也没有桥梁,除非能找到迂回的小道,否则这群移民只好在大大小小的溪流里跋涉。旅程之初,道路上还结有冰块,因此马车每迈开一步都会压碎一层薄冰。跟随这一家人颠沛的还有他们的一只狗,它紧随马车缓缓而行。有一天,这小家伙掉队了,直到他们走过了一条小溪,才发现它还在对岸。它站在那里,发出声声哀鸣,由于溪水在破冰中急流,这可怜的小家伙不敢下水。焦急赶路的大部分家庭成员认为,让牛群和马车返回小溪的对岸搭上小狗毫无意义,于是他们决定扔下小狗不管。“但是,我不能容忍抛弃任何一切,哪怕是只狗,”林肯回忆道,“我脱下鞋和袜,趟过对岸,将颤抖的小狗揽在怀里,再成功地回到家人这一边。小狗的欣喜若狂和向我流露出的

深深感激让我觉得，刚才的忍寒受冻非常值得。”

正当林肯一家赶着牛群穿越大草原的时候，国会正在激烈地讨论着这一议题：州府是否有权要求从联邦政府中脱离。在辩论中，丹尼尔·韦伯斯特从议席上站了起来，以洪钟般的声音发表了一场之后被林肯称为“美国人雄辩典范”的演说。这就是著名的《韦伯斯特答海恩》，其演说结尾处那令人难以忘怀的词句，后来被林肯运用在了他的政治观点当中：“自由和联盟，现在和永远，一个美国，不可分割。”

南方十一个州是否可以脱离联邦这一气旋般汹涌的议题，在韦伯斯特演说之后的三十年内得以解决。这倚赖的不是韦伯斯特的强悍，不是克莱的天才，也不是卡尔霍恩的声誉，这一壮举归功于林肯。不过，此时身无分文的林肯，正驱赶着马车向伊利诺伊州进发。他头戴一顶熊皮鸭舌帽，下肢包裹着一条鹿皮马裤。林肯引吭高歌：“你好啊，哥伦比亚，幸福的土地，你还没有醉，可是我已经醉倒了。”

4

林肯一家在伊利诺伊州的迪凯特附近安顿下来。房子建在林间的峭壁上，一眼便可以看见桑加蒙河。

阿贝帮助家人砍树，平整土地，盖房子，凭借着牛的帮忙，铲除了十五英亩的杂草，并在犁过的荒地上种了玉米。他还劈下栅栏，将自家的土地围了起来。

次年，阿贝作为邻居家的雇工会干些农活，犁地、叉干草、劈围栏或是杀猪什么的。

阿贝·林肯在伊利诺伊州度过的第一个冬天，是国人所知的最寒冷的冬天之一。大草原上的积雪足有十五英寸厚，牲畜被冻死了，麋鹿和野鸡几乎绝迹，甚至人也被冻死了不少。

为了得到一条由白核桃树皮浸染的褐色牛仔布做成的裤子，林肯同意在那个冬天砍劈一千条围栏。他每天要步行三英里才能到达工作地点。有一次，在穿越桑加蒙河的时候，小木船翻了，他掉进了冰冷的河水里。他还没有来得及走到距离最近的人家——沃尼克少校的家，他的双腿就已经冻僵了。整整一个月，林肯都无法行走。他躺在少校家的壁炉旁讲故事，还阅读了一卷《伊利诺伊州的法律》。

在此之前，林肯曾向少校的女儿求过婚，不过少校皱起了眉头，没有赞同。什么？少校女儿，沃尼克的后代，和这样一个笨头笨脑、没有文化的砍伐工结婚？和一个没有土地，没有钱，又没有前途的穷人结婚？门儿都没有！

确实，林肯没有属于自己的土地；这还不算，他根本不想占有任何一片土地。他已经在农场耗去了二十二年的光阴，他干了足够多的开荒种地的活。他厌恶煎熬般的劳作，憎恨日复一日孤寂的生活。他渴望和其他人交往，渴望出人头地。他想要一份工作，这样就可以见到一大群人，就可以向人们讲述故事，让他们开怀大笑不止。

在印第安纳州生活的时候，阿贝曾经乘着一艘小船南下新奥尔良，那时他是多么地快乐呀！新鲜，兴奋，冒险。有一天晚上，小船在杜谢恩夫人家的橡胶园靠岸，一群配备刀、棍的黑奴爬上了小船。他们打算杀掉船上的所有人员，将尸体抛进河里，然后再让船上的货物顺流漂至新奥尔良的贼窝里。

林肯拿起一根棍子，把三个强盗打进了河里，又将其余的盗贼赶上了岸。械斗中，其中一个黑奴在林肯的前额乱砍一气，从此，林肯的右眼位置留下了一抹永久的刀疤。

不行，托马斯·林肯再也不能让他的阿贝开荒种地了。

由于有了在新奥尔良漂流的经历，阿贝在船上找到了一份活，每天赚50美分，还另有奖金。阿贝和继母那边过来的兄弟以及堂兄一起伐木造船，木船足有八十英尺长，他们将熏肉、玉米和猪肉装上船，顺着密西西比河南下。

林肯在船上烧饭，掌舵，讲故事，玩“七喜”游戏，还大声歌唱：

这世上最瞧不起人的戴头巾的土耳其人，
留着长长的连鬓胡子四处闲逛，
眼里除了他们自己什么都看不见。

这次漂流给林肯留下了经久、深刻的印象。赫恩登说：

在新奥尔良，林肯第一次真正体会到了人类奴隶制的恐怖。他之前的所见所闻，现在变成了眼中的一种现实，他看到“戴上镣铐的黑奴被抽打”，唤起他内心一股反抗非人道主人的正义感。难怪他其中的一个伙伴说：“奴隶制在彼时彼地的他的身上打下了深深的烙印。”有一天早上，他们三人在城中闲逛，途经一个奴隶拍卖会，一个活泼俏丽的黑白混血女孩正被拍卖。女孩任由叫价者左瞧右看。出价人不停地拿捏她的皮肤，让她像匹马似的在屋里跑来跑去，以便测试她的灵敏度。拍卖师说：“叫价者应该得到满足，应该知道他们出钱购买的东西是否健康完好。”整个拍卖过程是那么令人作呕，林肯怀着“无法容忍的憎恨”离开了那个地方。他对紧随其后的伙伴说：“天哪，朋友们，我们离开这里吧。如果我有机会鞭打它(指奴隶制)，我将狠狠地抽打下去。”

由于忠厚老实，林肯深得新奥尔良雇主登顿·奥法特的喜爱。奥法特喜欢听他讲笑话和故事。他叫林肯回伊利诺伊州砍伐树木，在新塞勒姆修建一座木制的杂货店。新塞勒姆是个有着十五至二十座木屋的小村庄，坐落在蜿蜒的桑加蒙河边的峭壁上。林肯在店铺任职，还管理着一个磨坊和一个锯木厂。他在那里待了六年——对他的将来有着深远影响的六年。

村子里有一群狂野、好斗、惹事的流氓，号称“克拉里家的林中之王”。这伙人炫耀地说，他们是伊利诺伊州最能喝酒、最能斗嘴和最能打架的人。

不过，这帮家伙的内心并不坏。他们讲义气、坦率、大方且富有同情心，他们就是想炫耀。所以，当“大声公”登顿·奥法特到镇上宣布他的店员——阿贝·林肯——强壮勇猛时，这帮人可不高兴了。他们得给这位一夜成名的“暴发户”点颜色瞧瞧。

结果恰恰相反，年轻的阿贝在跑步和跳高的赛事中遥遥领先；凭借他那特别修长的手臂，林肯还在抛实心球的比赛中赢了他们所有人。另外，林肯还以浅显易懂的语言给这帮家伙讲趣味典故，他那林中轶事让他们捧腹大笑，笑声持续了好几个小时。

在新塞勒姆，林肯的生活蒸蒸日上。有一天，镇上的人们都汇聚在一棵白橡树下，观看林肯和“林中之王”的头儿杰克·阿姆斯特朗摔跤。在林肯将阿姆斯特朗抛向一边的时候，他赢了，他达到了人生的最高境界。从那时起，“林中之王”和他交上了朋友，真心实意地封他为王，并请他担任赛马和斗鸡的裁判。当林肯没有工作、没有住所之时，他们就领他回家，供他食宿。

在新塞勒姆，林肯寻到了他数年来梦寐以求的机会——一个战胜自身恐惧、学会公开演说的机会。在印第安纳州的时候，其唯一的机会只不过是在田间面对着小部分农民说话；但是在这里，每逢星期六晚上，拉特利奇的小旅馆都会在餐厅组织“交流会”。林肯欣然参加，并且成了这项活动的头儿。他讲故事，朗诵自己写下的诗文，争辩各类议题，还作即兴发言，发言内容包括桑加蒙河的航道，等等。

这些活动是无价之宝，它拓宽了林肯的思路，唤起了他的雄心。他发现自己有种凭借演说而影响他人的非凡能力。这一发现造就了他的勇气和自信，这是其他任何力量都无法做到的。

几个月后，奥法特的杂货店关门大吉了，林肯没了工作。选举日近，整个国家都充满着炽热的政治气息，于是林肯决定趁机锻炼锻炼自己的演说能力。

在当地教师门特·格雷厄姆的帮助下，林肯耗去数周的精力准备第一份公众演讲稿。在演讲中，他宣布自己将参加州议会的选举。他说他赞同“内部的完善……桑加蒙河的航道治理……更优质的教育……公平”，等等。

在演讲快要结束的时候，他说：“我出生和成长在最贫寒的家庭。我身无分文，也没有颇具影响力的亲人或朋友举荐我。但是，如果好心的人们认为我应该退出，我也不会懊恼，因为这种失落之情我已经经历得够多了。”他用这段温情脉脉的语句结束了演讲。

数天之后，一位骑士带着一条骇人的消息疾奔新塞勒姆。他说，印第安人的酋长布莱克·霍克正率领着他的骁将一路杀戮过来，他们烧房子，抓女人，屠杀平民，整个罗克河一带都弥漫着红色的恐怖。

慌乱中，雷诺兹州长匆忙招募志愿兵。林肯，一个“失业、一文不名的候选人”，在军队里待了三十天。他被选为队长，试图培训“克拉里家的林中之王”。不过，这些人在林肯背后骂骂咧咧地说：“见你的鬼去吧。”

赫恩登说，林肯常常将自己参与的这场布莱克·霍克战争看做“度假和偷鸡摸狗之事”。事实的确如此。

在以后的一场国会演说中，林肯说他没有攻击任何红皮肤的印第安人，但是他说他“还是教训了那帮狂野的洋葱头”。他说自己并没有见到任何印第安人，但是他“与蚊子们进行了殊死的搏斗”。

从战场归来，“队长林肯” 又投身到了政治运动当中。他挨家挨户地拜访、握手、讲故事，赞同每一个人的见解，无论在何时何地他都发表演说。

这场竞选林肯输了。在新塞勒姆二百八十张选票中他只得了三票。

两年之后，他再一次参加竞选。这一次，他赢了。他只好借钱买套服装，穿戴整齐前往议会。

他于1836年、1838年和1840年连续参选成功。

那时，在新塞勒姆，有个名叫杰克·凯尔索的混混，他总是外出钓鱼、拉提琴和背诵诗词，他的妻子不得不接待一些寄宿者以帮补家用。镇上多数人都瞧不起他，认为他一事无成。但是林肯喜欢他，和他交朋友，并深受其影响。在遇到凯尔索之前，林肯对莎士比亚和伯恩斯了解甚少，这些人对他来说只不过是模糊的姓名而已。但是现在，当坐下来聆听杰克·凯尔索朗诵《哈姆雷特》和《麦克白》之时，林肯第一次意识到了英语是多么地和谐，多么地壮美无比！情感又是多么地炽热如火！

莎士比亚令他敬畏，而伟大的博比·伯恩斯则赢得了他的热爱和同情。伯恩斯降临人世之时的栖身之地也是小木屋，比阿贝的好不了多少。伯恩斯曾经也是一名耕田人。尽管犁田、捣田鼠窝等等杂役是人生的小小不济，但却造就了他们不朽的诗篇。伯恩斯和莎士比亚的诗句，向亚伯拉罕·林肯展现了一个富有意义和情感的全新世界。

但最令林肯吃惊的是:无论是莎士比亚,还是伯恩斯,都没有上过大学,他们也没有比亚伯拉罕·林肯受过更多的教育。

有时候,林肯也会斗胆妄想:或许,他这个文盲托马斯·林肯鲜有接受教育的儿子,也可以干些文雅的事情;或许,他没有必要继续留在杂货店里卖东西,也没有必要干铁匠的营生。

从此以后,伯恩斯和莎士比亚成了林肯最钦佩的作家。在所有的作品中,莎士比亚的作品他读得最多,比其余作家作品的总和还要多。这些作品在他的处世风格中打下了深深的烙印。即使在白宫的岁月,当内战的重负和担忧在他的面部凿下道道沟痕之时,他都会挤出时间来研究莎士比亚。不管有多忙碌,他都会和研究莎士比亚的权威学者探讨剧本。就在他遇刺的那个星期,他还向朋友们朗读了两个小时的《麦克白》。

那个在新塞勒姆得过且过的渔夫杰克·凯尔索的影响渗透到了白宫……

南方人詹姆斯·拉特利奇是新塞勒姆的创建人,也是小旅馆的主人,他有一个魅力无比的女儿安。林肯第一次见到安的时候,她才十九岁——一个金发碧眼的小女孩。尽管她已经和当地最富有的商人订婚,但林肯还是对她一见钟情。

安·拉特利奇已经答应嫁给约翰·麦克尼尔,不过要等安上完两年大学之后,他们才能完婚。

林肯到达新塞勒姆不久便听到了一件怪事:麦克尼尔卖掉了店铺,说是要回纽约州接父母兄弟来伊利诺伊同住。出发之前,他告诉了安·拉特利奇一些事情,这几乎让安吓呆了。然而,她年轻,又爱他,便相信了他的托辞。

数天之后，他出发了，并答应会常给安写信。

那会儿，林肯是村里的邮差。公共马车每周会送两次邮件过来。信件少得可怜，因为那时的邮资很贵，是按邮件行程的长短来计算的，花费在 6.25 至 25 美分之间。林肯将邮件放在帽子里四处送发。人们见到他的时候，都会询问是否有自己的信件，而林肯则会掀开帽子瞧个究竟。

每个星期，安·拉特利奇都会问信件这事儿。三个月过去了，安等到了第一封来信，可收到信还不如杳无音信。信中语气非常冷淡，语句含糊不清。麦克尼尔说父亲病重，而父亲的债主们正一个劲儿地缠住他不放；他还说，不知何时才能回新塞勒姆。

之后，安又陷入了漫长的等待之中。好几个月过去了，她什么都没有等到。他真的爱过她吗？现在她开始怀疑这一点了。

目睹着安的闷闷不乐，林肯自告奋勇地帮忙寻找麦克尼尔。

“不必了，”她说，“他知道我在这里，如果他真的不想给我写信，那我也不想让你去找他。”

然后，她向父亲禀告麦克尼尔离开之前向她的坦白。麦克尼尔说，这几年来他都是隐姓埋名地生活着，他真正的姓氏，不是在新塞勒姆人人知晓的麦克尼尔，而是麦克纳马尔。

他为什么要如此行骗？他解释说，父亲在纽约州生意失败，债务缠身。作为家中的长子，为了不耽误前程，他来到西部赚钱。他担心一旦沿用族姓，家人就有可能知道他的住所而投靠他，而他也不得不尽义务供养所有的家人。在事业起步阶段，他不想因此受到羁绊，因而使用了假名。不过，现在他腾达了，想带父母来伊利诺伊州和他一起分享财产。

这事在村子里传开了，并引起轩然大波。人们认为这是地地道道的谎言，他是个十足的骗子。个中情形本来就糟，而闲言使得情况更为复杂。他是谁?——噢，压根儿就不知道他为何人。或许，他已经结婚;或许，他瞒着两个或三个妻子在外面胡作非为。天晓得!或许，他抢劫过银行;或许，他杀过人;或许，他是这样的人;或许，他是那样的人。他抛弃了安·拉特利奇，而安则为此而感激上帝。

这就是新塞勒姆居民们的定论。林肯对此一言不发，但他思绪万千。

终于，他祈祷的机会来了。

5

拉特利奇小旅馆其实只是座造型粗糙、饱经风霜的小木屋，和其他众多的西部木屋没有两样，外地人绝不会多看它一眼。但是，这会儿林肯的身心和双眼再也无法和它分离。对他来说，小旅馆气势如虹；每一次跨进门槛，他都会怦然心跳。

林肯从杰克·凯尔索处借来一本莎士比亚的戏剧集，四仰八叉地仰卧在店铺的柜台上一页一页地翻阅。他反反复复地朗读这些句子：

> 轻点！那扇窗照射进来的是什么光？
> 那是东方的光辉，是朱丽叶这颗太阳散发的光芒。

林肯将书合上，再也读不下去了。他没有一点儿头绪，静静地躺在那里，回想起前天晚上安说过的甜美的话。现在，他只为一件事而活着——和安一起度过美好时光。

那会儿，村子里到处是缝被子的聚会。由于安手巧，穿针引线如梭，被子缝得如艺术品，她便成了聚会里的常客。清晨，林肯常常骑马送她去聚会，晚上再接她回来。有一次，他壮着胆走进聚会的那所房子——一个男人极少闯进去的地方——在她旁边坐了下来。她的心悸动不已，脸颊泛起阵阵绯红。慌乱中，她的针法走样了，好些明眼的妇人看在眼里，她们笑了。这床被子的主人一直珍藏着这件绝品。林肯当选总统之后，她常常骄傲地将它示于众人，指出他的情人安当时慌乱中针法走样的地方。

夏夜，林肯和安并肩漫步于桑加蒙河的河堤；两岸的夜鹰在林中吟唱，而萤火虫则在夜空中编织出丝丝金光。

秋季，他们在林中徜徉。那会儿的橡树枝叶炽热如火，山核桃果子“叭嗒叭嗒地”纷纷坠地。冬季，他们在积雪中蹒跚。那时，

> 棵棵橡树、桉树以及山核桃树的繁华已褪尽，光秃的褐色躯干如同裹上了貂皮一般，与寒冰矗立相对。那楚楚动人的榆树嫩枝，也被珍珠般剔透的冰保护得严严实实，动弹不得。

如今，生活对他们来说进入到一个全新而神秘的美满期，生活是那么地神圣，那么地温柔。当林肯深情凝视着安那幽蓝的双眼时，安便快乐得直想歌唱；而只要碰到安的双手，林肯的呼吸便会变得急促无序。他惊奇地发现，这世界赋予他的福气可真不少……

此前不久，林肯曾经和一个酒鬼有过生意来往。这酒鬼是个牧师的儿子，名叫贝利。小小的新塞勒姆村那时人气渐微，所有的商铺都在做着垂死的挣扎。然而，林肯和酒鬼却不明就里，他们买下三个残缺不全的店铺，做了些房屋加固便开始了他们自己的创业。

有一天，一名前往依阿华州的游人，将他那满载家什的马车停在了林肯和贝利的店铺前。由于旅途颠簸，马匹疲累，游人决定扔掉一些物品以便轻装上路。于是，他卖给林肯一桶家庭用品。林肯付了 50 美分，还没有仔细瞧个究竟，就把圆桶推到了店铺的后间。

半个月之后，林肯把桶内的东西全倒在地上，瞧瞧自己究竟买了些什么玩意儿。在一堆杂物的下面，他发现了一套完整的布莱克斯通写的《法律评论》，于是他开始阅读起来。那会儿，庄稼人都在田间忙碌，顾客极少，所以他看书的时间多得是。他从来没有对一本书如此全神贯注地读过，越往后读，他越有兴致，一口气读完了四卷全文。

林肯作出一个重大决定：他要成为一名律师。他要成为安·拉特利奇引以为荣的丈夫。安赞同他的计划，并准备在他学有所成之日完婚。

读完《法律评论》，林肯前往二十英里以外的斯普林菲尔德，向一名律师借阅其他法律书籍。那名律师是他在那场对抗印第安人的作战中结识的。在回家的路上，他一边走一边看书，读到难懂的章节，便停下脚步细细思索，直到领会其中的含义。

途中，他一直都在看书，一口气看了二三十页，一直看到夜幕降临，群星闪烁，再也无法分辨文字时方才罢休……他饿了，渴了，于是他加快了步伐……

现在，他一心扑在看书学习上，极少过问其他事情。白天，他仰卧在杂货铺外的榆树树荫底下，手里捧着书本，光光的脚丫悬架在树干上。夜晚，他来到制桶工场，将散落四处的废料点燃，权当读书的照明。他常常大声朗读，时不时合上书本，写下读后感。他将读后感改了又改，直到清晰明了得连孩子都能理解才停笔。

无论去哪里——在河边漫步，在林中徜徉，还是去田园劳作的途中——林肯的腋下都会夹上一本布莱克斯通的论著。有一天晌午，那个雇他砍树的农民在谷仓的角落发现，林肯正光着脚丫坐在柴堆上看书。

门特·格雷厄姆告诉林肯，如果他想在政治和法律方面出人头地，就必须懂得语法。

“那我该去哪里借这样的书呢？”林肯问道。

约翰·万斯有一本柯卡姆写的语法书，万斯住在六英里之外的地方。林肯“嗖”地站了起来，戴上帽子，出发借书去了。

他以令格雷厄姆惊讶的速度掌握了所有柯卡姆的语法。三十年之后，这位校长说他的学子不下五千，而林肯是他所见过的“在追求知识和文学的道路上最积极、最勤奋、最勇往直前的年轻人”。

“我了解林肯，”门特·格雷厄姆说，“他会花上足足三个小时在三个方案中选取最佳的表达方式。”

读完了柯卡姆的语法，林肯接着又读上了吉本的《罗马帝国衰亡史》、罗林的《古代历史》、托马斯·潘恩的《理性时代》，以及有关杰斐逊、克莱和韦伯斯特军事生涯的书籍。

穿着滚圆肥大的蓝布棉袄、笨重的草鞋和那上下身都无法顾及的浅蓝色马裤，这位不同凡响的年轻人在新塞勒姆看书、学习、做梦和讲故事。无论在哪里出现，他都可以交上一大帮的朋友。

已故学者阿尔伯特·J. 贝弗里奇在林肯的传记中写道：“不只是他的智慧、善良和学识吸引了人民，还有他那奇异的着装——他的着装所引致的笨拙让他独树一帜。虽然肥短的马裤引人发笑，但阿贝·林肯这个人却从此家喻户晓。”

林肯和贝利合伙开办的杂货店最终倒闭了。这是意料之中的，因为林肯沉迷于书本，而贝利却总是泡在酒坛子里。林肯现在身无分文，没吃的东西，也没住的地方，他只有干体力活以维持生计。只要能找到的活他都干：砍树，堆干草，围篱笆，剥玉米壳，在锯木厂搬运，还当了一段时间铁匠。

在门特·格雷厄姆的帮助下，林肯开始接触三角学和对数；他想成为一名勘测员。他贷款买下一匹马、一个指南针，砍下一根葡萄藤权当链条。由此，他便开始了城镇的勘测工作。每干一桩勘测的活，他就可以得到 37.5 美分的报酬。

与此同时，拉特利奇小旅馆也关门大吉了。林肯的心上人只好在一名农场主的伙房里做仆人。很快，林肯也在这农场里得到一份种玉米的农活。晚上，他在伙房替安洗刷碗碟。由于可以近距离地接近她，他的内心充满了巨大的幸福。此后，他再也没有体验过这种狂喜和满足。在他离世前不久，林肯曾向朋友坦白，自己在伊利诺伊州光脚锄地的日子，远比在白宫的时光要快乐得多。

然而，这对恋人的炽火不得不陡然熄灭。1835 年 8 月，安病倒了。开始的时候，安并不觉得疼痛，只是觉得极度地疲乏。她尽力继续干活，直到有一天早上，她无法从床上爬起。她烧得很厉害，哥哥策马前往新塞勒姆请来阿伦医生。医生说安得了伤寒。她的身体如火烧一般，可双脚却冰凉，只好用加热的石头取暖。她不断地要求喝水。现代医学告诉我们，应该以冰敷给安解热，并让她尽可能地多饮水，可阿伦医生当时并不知晓这一点。

可怕的日子缓慢流逝。最终，安疲倦得再也无法从被子里将手抬起。阿伦医生要求安绝对静养，拒绝一切探望，连林肯也不例外。安对林肯发出声声呼唤。林肯来了，坐在她的床头，关上门，他们单独相处。这是这对恋人默默相依的最后时光。

第二天，安失去了知觉，再也没有醒过来。

在接下来的数周时间里，林肯痛不欲生，这是他一生中最难过的时期。他吃不下，睡不着，并总是说自己不想活了，还说要自杀。他的朋友们警觉起来，收起他的小刀，紧紧盯着他，以防他去跳河。他不见任何人，即使见了也不说话。他仿佛进入到了另外一个世界，几乎意识不到现实的存在。

日复一日，林肯步行五英里前往安长眠的协和公墓。有时候，他会在那里呆坐半天，朋友们焦急得只好去把他带回家。暴风雨来临的时候，他就哭，他说他不能容忍雨点去惊扰安的宁静。

有一次，人们发现他踉踉跄跄地在桑加蒙河的岸边行走，口中念念有词。人们担心他真的会发疯，所以把阿伦医生找来。阿伦知道林肯的症结所在，他说林肯必须干些活，参与一些活动，让他的心忙活起来。

镇上往北一英里的地方，住着林肯最亲密的朋友鲍林·格林。他将林肯带回家，答应负责照料林肯的一切。

格林家四周幽静、祥和，橡树华盖般环绕着后院，还一直向西延伸；屋前平整而葱郁的庭园，朝着桑加蒙河舒展。南希·格林不断地使唤林肯干着各种各样的活：砍树，刨土豆，摘苹果，挤奶。甚至在她纺纱的时候，也把林肯叫来把轴子。

日复一日，年复一年，林肯还是郁郁寡欢。1837年，安去世后两年，他对议会的一名成员说："尽管有时候在众人面前我看上去似乎很快活，但独自一人的时候我却无比悲伤。恐怕，我只有用刀子把自己了断了。"

从安去世那天起，林肯就变成了另外一个人。哀伤时时在他心里涌现，到后来，哀伤转变成了恒久的悲恸。他成了伊利诺伊州最忧伤的人。

林肯后来的法律事务所合伙人赫恩登说："就算林肯在这二十年里确实有过那么一天快乐的日子，我还是没能察觉出来……无论他走到哪里，忧伤都在伴随着他。"

从此直至生命的结束，林肯偏好于有关悲伤和死亡主题的诗篇，甚至可以说是着迷。他常常会神情沮丧，呆坐上好几个小时，陷入沉思而一言不发。突然间，他又会冒出《最后的枝叶》中的几句诗：

他曾经亲吻过的大理石
长满了青苔；
而他那渴望听到的昵称
也已印刻在墓碑上
数月经年。

安去世后不久，他便背下了一首取名"致命"的诗，而其中的一句成了他的至爱："噢，致命的神灵，你为何如此地骄傲？"没人在旁边的时候，林肯便会反复说出这句诗。后来，在伊利诺伊州的乡村旅馆，在公众场合，在白宫的客人面前，他都要背诵这句诗。他还将这句诗作为留言赠与朋友。他说："我要尽我所能、不惜一切代价写出如这般优美的诗句。”

这首诗的最后两节是林肯最为欣赏之处：

噢！希望和失望，喜悦和痛苦，
在阳光和暴雨中交织；
微笑和泪水，欢歌和挽歌，
如波涛般紧紧相随。

一眨眼功夫，一次呼吸之间，
生命之花瞬变为死亡的苍凉，
厅堂的金碧转化为尸架和青衣的悲伤。
噢，致命的神灵，你为何如此地骄傲？

安·拉特利奇安息之所——协和公墓——位于一片静谧耕地的中央，三面有麦田环绕，另一边面对一片绿草地，牛、羊都在那里觅食。现在的公墓长满了杂草和野藤，极少有人前往。春天的时候，鹌鹑会在那里筑巢。只有在那时，“吱吱”欢叫的乌鸦和“咩咩”呼唤的羊群才会打破那里的寂静。

安·拉特利奇就这样静静地躺在那里歇息了半个多世纪。1890年，当地商人在公墓四英里以外的彼得堡又新修了一个公墓。那时，彼得堡已经有个环境优美的玫瑰山公墓，所以新公墓的销售状况并不理想。这样一来，贪婪的商人想到了林肯心上人的墓穴，他想将她移至新墓，以此作为推广手段而扩大商业影响。

因此,“大概在 1890 年 5 月 15 日”——据那位商人骇人的准确坦白——他挖开了安的墓穴。他发现了什么?至今仍然居住在彼得堡的一位祥和的老妇人——她是安·拉特利奇第一个外甥麦格雷迪·拉特利奇的女儿,向本书作者起誓其诚实,并告诉了所有的一切。麦格雷迪·拉特利奇常和林肯一起在田间耕作,还协助过林肯勘测地形。他们同吃同住,对于林肯和安之间的炽恋,除了麦格雷迪,恐怕不会有人比他知道得更多。

夏夜,静悄悄的,庭院前的破椅上,老妇人向作者娓娓道来:“我常常听爸爸说,安死后,林肯总是步行五英里来到安的墓前呆坐良久,爸爸担心他会有什么不测,总是要赶到那里把林肯带回来……是的,当安的墓穴被撬开的时候爸爸也在场,我听爸爸说,当时他们唯一能找到的东西,就是安裙子上的四颗珍珠纽扣。”

商人铲起那四颗珍珠纽扣和一些泥土,再把它们迁往彼得堡新建的奥克兰公墓。之后,他便向众人宣称:安·拉特利奇埋葬在那里。

如今,在夏天的那几个月里,如潮的朝拜者会驱车来到墓地,去探究墓穴的意义。我曾看见他们深深鞠躬,对着那四颗珍珠纽扣掉泪。在这四颗纽扣的上面,有座雄伟的纪念碑,上面刻着埃德加·李在《勺子河诗集》里的诗句:

永无休止的无名乐章
在我的身外颤动:
“别怨恨,要仁慈。”
在我的身外是无以计数的宽容,我们民族慈祥的面孔与正义和真理同在，熠熠闪光。
我叫安·拉特利奇，
长眠于这些杂草之下，
亚伯亚罕·林肯和我深深相爱，
我们结婚了，但不是通过相聚，
而是通过分离。
噢！共和国！愿我的尘埃化作沃土，
愿您的鲜花长盛不败！

其实，安的灵魂留在了协和公墓，贪婪的商人不可能将之带走，他和她的记忆都还留在那里。那是鸟儿欢唱、野玫瑰怒放的地方，也是亚伯拉罕·林肯肃穆、垂泪之所。他说，他的心已经葬在那里了，安也希望如此。

6

1837 年 3 月，安去世两年后，林肯重返新塞勒姆。他骑上一匹借来的骏马直奔斯普林菲尔德，开始了被他称为“尝试做律师的生涯”。

林肯将所有的家当塞进了工具袋——只不过是几本法律书籍，另加几件衬衫和内衣裤。另外，他还有个破旧的蓝布袋子，里面塞满了 6.25 和 12.5美分的硬币，那是他在新塞勒姆当邮差时，邮局突然倒闭之前他攒下的邮资。

在斯普林菲尔德的第一年里，林肯常常现金周转不灵。其实，他完全可以将邮局那些钱据为己有，但他觉得这样做有违诚信。所以，当邮局查账员来做最后审计的时候，林肯不仅向查账员汇报了准确的数目，而且还告知了一两年前他担任邮政局长时所领取的薪酬。

来到斯普林菲尔德的那天早上，林肯已经身无分文，更糟的是，他还欠下 1100 美元的债务，那是他和贝利在新塞勒姆开杂货铺时欠下的。贝利已经死了，还债的重任落在了林肯一个人身上。肯定地说，林肯不必偿还这笔债务，他原本可以要求分割生意失败的责任，然后钻个法律漏洞一走了之。

这可不是林肯的处世之道。他请求债主们给他时间，许诺保证连本带利偿还每一分钱。除了彼得·冯·贝尔根之外，其他债主都同意了他的请求。贝尔根则是立马穿好衣服，将林肯的马和勘测仪拿到拍卖会上拍卖了；而其他的债主就只有等待了。在以后的十四年里，为了诚信和守约，林肯省吃俭用，完全顾不上自己的温饱。哪怕是到了 1848 年，林肯已经是国会议员了，他还将部分薪酬寄往家乡，以偿还所剩的债务。

到达斯普林菲尔德的那天早上，林肯将马拴绑在广场北角的乔舒亚·F.斯皮德百货店的门前。以下是斯皮德的亲口回忆：

他是骑着一匹借来的马进村的，从村里的木匠那里订做了一副单人床架。他走进我的店铺，把工具包放在柜台上，开口便问配一副单人床架的家具的费用该是多少。我取出纸和笔算了起来：这套家具共需花销 17 美元。他说："还可以再便宜点吗？我是说，尽管已经够便宜了，可我还是不够钱买。如果您能让我贷款至圣诞节，而我的法律业务又成功的话，我就能还钱给您。否则，我可能永远也无法付款。"我觉得他的语气是那么哀婉。我抬头朝他看去，在我的一生中，不管是当时还是现在，我都没有见过一张如此忧郁、悲伤的脸。我对他说："这么少少的一笔钱，看来却如此沉痛地影响着你。这样吧，给你出个主意，它不会让你背上债务，而又能使你实现梦想。我的睡房很宽敞，里面有张大大的双人床。如果你愿意的话，非常欢迎你和我住在一起。""睡房在哪？"他问道。"就在楼上。"我指向店铺的楼梯口。他二话不说，提起工具包便上了二楼，将包放在了地板上。当他走下楼的时候，他的脸上熠熠发光，大声叫道："噢，斯皮德，我搬进来了。"

于是，在这以后的五年半时光里，林肯都是和斯皮德一起睡在店铺楼上,免费。

另外一个朋友,威廉·巴特勒,也收留了林肯五年,不仅提供食宿,还给他买了不少衣服。

林肯尽其所能地给了巴特勒一些补偿,但他们之间没有明细的账目,之间的交往完全是好友般的随意安排。

林肯感激上帝。如果不是巴特勒和斯皮德的帮助,他永远无法在法律事务上有所成就。

之后,他又和另一位名叫斯图尔特的律师合作。斯图尔特将大部分时间都用在政治上,而将办公设施的筹备交给了林肯。其实,也没有什么可筹备的,只不过是一张小床、一套制服、一张椅子、一张长板凳,以及一个摆放些许法律文件的书架而已。

事务所的记录显示,在开业的头六个月里公司只有五项进账:一桩案子收了 2.5 美元,另两桩各收了 5 美元,还有一桩是 10 美元,而最后一桩,他们不得不接受客户的一件大衣作为报酬的一部分。

林肯相当沮丧。有一天,在斯普林菲尔德的一家木匠店门前,他停了下来。他想放弃律师行当,转而当个木匠。前些年,在新塞勒姆学习法律的时候,他曾经认真想过这事儿。

对于林肯来说,在斯普林菲尔德的第一年是孤寂的。唯一见到的人群,就是一天晚上在斯皮德店铺后院谈论政治的那帮人,他们在那里消磨时光。周日,林肯不愿去教堂,按其说法,在斯普林菲尔德这样优雅的教堂里,他不知该如何是好。

在第一年里，只有一个女人和他说过话。他在给朋友的信中写道："如果她不想说话，她是一定能避开我而不开口的。"

但是在1839年，有一个女人不仅来到镇上和他说话，而且还追求他，下定决心要嫁给他。她就是玛丽·托德。

曾经有人问过林肯，为什么托德家的姓氏这样拼写(Todds)，他回答说，他承认一个字母"d"对于上帝来说已经足够好了，但是对于托氏家族来说就不得不需要两个"d"才算最好。

托德家炫耀说，他们有本可以追溯到公元7世纪的族谱。玛丽·托德的祖父、曾祖父以及叔公们，曾经当过将军和州长，其中一位还是海军参谋。玛丽本人曾经在肯塔基州列克星顿的一所显赫的法语学校上过学，负责管理学校的是两名法国贵族——维多利亚·夏洛特·拉·克莱尔·芒泰勒夫人及其丈夫。他们在大革命期间从巴黎逃离，为的是不被送上断头台。玛丽被训练得能说一口纯正的巴黎法语，她还学会了凡尔赛的那些身着丝质衣裙的朝臣们一起跳的交谊舞。

玛丽具有一种高贵的气质，自视高人一等。她坚信，有朝一日她所嫁的男人将会成为美国总统。尽管令人难以置信，但她不仅相信这一点，而且还公开夸下海口。听起来这似乎是戏言，人们也仅仅将其视为谈资和笑柄，但是谁也动摇不了她的信念，谁也阻止不了她连续不断地夸耀。

谈及玛丽时，其姐姐说她是"喜爱展示、炫耀、浮华和权力，是其所见到的最具野心的女人"。

可惜的是，玛丽脾气暴躁。1839年的某一天，她和继母吵完架后，"砰"

的将前门一摔，恼怒地走出了父亲的家，来到斯普林菲尔德，和已婚的姐姐住到了一起。

如果玛丽决心嫁个未来的总统，她倒是选对了离家出走的地方，因为除了斯普林菲尔德，伊利诺伊州没有其他任何地方能让她的前景更明亮。那会儿，斯普林菲尔德只不过是个脏兮兮的西部小村落，没有林木，没有人行道，没有路灯，也没有排污的下水管道，四面被荒芜的杂草所包围，牛群在镇上随心所欲地游荡，家猪则在街道泥泞的脏水里打滚，一堆堆腐粪在空气中发出恶臭。全镇仅有一千五百人，然而，命中注定将成为 1860 年总统候选人的两个年轻人，却在 1839 年都生活在这里——民主党北方候选人斯蒂芬·A.道格拉斯，以及共和党候选人亚伯拉罕·林肯。

他们同一时间追求玛丽·托德，而且都挽起过玛丽的手。玛丽还说，他们两个人都向她求过婚。

据其姐姐的回忆，当被问及嫁给哪一位追求者时，玛丽回答道："那位最有希望成为总统的人。"

这就等于说的是道格拉斯，因为在那会儿，道格拉斯的政治前景似乎比林肯明亮一百倍。尽管道格拉斯当时年仅二十六岁，但已经是州政府的秘书长，人称"小巨人"；而林肯还只是窝居在斯皮德店铺小阁楼里难以支付住宿费的、一个为生存而苦苦挣扎的小律师。

阿贝出名之前的数年前，道格拉斯就已经具备了成为美国政坛实力选手的条件。事实上，美国人普遍认识林肯，也只不过是在他当选总统的前两年——那次，他和前程无量、实力雄厚的斯蒂芬·A.道格拉斯展开激辩。

玛丽所有的亲人都认为，她更多地关注道格拉斯。道格拉斯应该是正中女士下怀:他具备个人魅力;较之林肯,他的前途更美好,举止更优雅,社会地位更高。除此以外,他还有一副金铃般深沉的好嗓子;他梳着高高的直发,华尔兹舞跳得棒极了;他还会称赞玛丽,讨她欢心。

他是玛丽理想中的男人。站在镜子前,当玛丽对着自己轻声说"玛丽·托德·道格拉斯"时,声音美妙极了。她还梦想着自己和道格拉斯在白宫跳华尔兹……

有一天,在斯普林菲尔德广场,道格拉斯和一名报社编辑打了起来,那名编辑是玛丽最要好的朋友的丈夫。那会儿,道格拉斯正在追求玛丽。

或许,她把对这件事的看法告诉了他。

或许,她把他在公众宴席中醉酒的丑态也告诉了他。他跳到一张桌子上舞来舞去,大喊大叫,又笑又唱,踢翻了酒杯和烤鸡,威士忌酒瓶和油腻的盘碟散落满地。

道格拉斯带另外的女孩参加了舞会,而玛丽则在现场制造了麻烦。

两个人的关系从此画上了句号。参议员贝弗里奇说:

> 尽管事后显示,道格拉斯曾经向玛丽求婚,并且由于其不良的"道德"而遭拒绝,但这却是玛丽明显的保护性宣传,这是其惯常做法。睿智而世故的道格拉斯,是永远不会和玛丽·托德结婚的。

玛丽的失落无以言表。为了引发道格拉斯的嫉妒心,她将炽热的情怀,倾注于其政敌亚伯拉罕·林肯身上。但这并没能挽回道格拉斯对她的热情。于是,她展开了俘虏林肯的计划。

过后,玛丽的姐姐爱德华兹女士描述了这桩情事:

> 我经常碰巧就在她们促膝谈心的房间里，而玛丽总是谈话的主角,林肯先生只有坐在一旁聆听的份儿。他几乎一言不发,久久注视着玛丽,仿佛无法抗拒她的威力一般。他被她的聪慧和精明所深深吸引,和这样的一位女士长时间聊天真让他无法自拔。

那年7月,已经在斯普林菲尔德沸沸扬扬谈论了好几个月的辉格党(现共和党前身)集会终于召开。党派成员从四面八方汇聚而来,他们挥舞着党旗,敲击着鼓乐。芝加哥代表团还临时建造了一艘双桅船一路赶来,船上演奏着乐曲,女孩们唱呀、跳呀,礼炮在空中四射。

民主党人认为,辉格党的候选人威廉·亨利·哈里森就像个老妇人,居住在木屋里，喝着难以下咽的苹果酒。辉格党人由此就在车上造了一座小木屋,由三十头牛拉着,在斯普林菲尔德的大街上游行。木屋旁的山核桃树摇来晃去,浣熊在树上玩耍,一桶苹果酒在门旁流淌。

夜晚,在熊熊的篝火火光中,林肯发表了一场政治演说。

在一次集会上,其所在的辉格党被指责为"达官贵人",因为在争取平民百姓的选票时,他们总是衣着光鲜。林肯回应道:

> 来到伊利诺伊州的时候,我是一个贫穷的、没有文化的陌生小伙。我没有朋友,一个月仅赚8美元,只有一条鹿皮马裤。马裤弄湿再被太阳晒干之后便缩水,裤脚短得够不着袜口,我的下肢好几英寸的地方,

就只能任由风吹雨打。我越是长高，马裤就越显得短窄。现在，您还能看到这两条腿上都有道蓝色的条纹。您要是将此赞誉为贵族的衣着创意，我会感到不安和内疚。

演说引起了公众的共鸣。听众们吹起了口哨，叫嚷了起来。

当林肯和玛丽来到爱德华兹家的时候，玛丽告知林肯，她是多么地以他为荣。玛丽认为，林肯是个了不起的演说家，有朝一日，他一定会成为总统。

他俯视着她，月色之下，她的举止表达了其内心所有的一切。林肯向她靠近，温柔地将她拥吻……

大喜的日子定在1841年1月1日。

距离婚礼还有半年时间；然而，接二连三的暴风雨，却在这半年时间里酝酿开了。

7

玛丽·托德与亚伯拉罕·林肯订婚后不久，就开始想方设法地要改变他。她不喜欢林肯的衣着，还常常将他和自己的父亲作对比。好些年以来，几乎每天早上，玛丽都亲眼目睹父亲罗伯特·托德在列克星顿的大街上散步。他拄着一根杖头镀金的拐杖，穿着蓝色的绒面呢大衣，白色尼龙衣裤捆扎在靴子里。然而，在炎热天气里，林肯根本就不穿外套；更糟糕的是，有时候他甚至连披肩都不戴。他总是仅用一根吊带将裤子吊起；衣服扣子脱落或不见的时候，他就削块小木片胡乱钉在衣服上凑合凑合。

玛丽·托德告诉林肯，他这些粗鲁的举动让她非常恼火。只可惜，她的语气一点也不温婉，她不懂得任何说话的策略和技巧。

尽管在列克星顿的法语学校玛丽学会了跳交谊舞，可她却没有学到任何与人交往的艺术。她以最顽固、最快捷的方式——责骂不休——将男人的挚爱歼灭。她不断地修整林肯，让林肯感到非常不自在，因此林肯只有避开她。以前，林肯一周内见她两三次，但现在有时候十天都不见她一面。玛丽只有写信向他投诉，指责他对她的冷漠和轻视。

这时，玛蒂尔达·爱德华兹来到了镇上。这位姑娘金发碧眼、高挑、文雅、迷人，是玛丽·托德的姐夫尼尼安·W.爱德华兹的外甥女。她也住在宽敞的爱德华兹大楼里。每当林肯前去探望玛丽，玛蒂尔达便明显地跟林肯套起近乎。她不会说巴黎口音的法语，也不会跳交谊舞，但她知道如何与男人相处，林肯渐渐喜欢起她来。林肯很关注玛蒂尔达进屋时的一举一动，以至于当玛丽·托德和他说话时常常走神。这让玛丽非常气恼。有一次，林肯带着玛丽去参加舞会，但他并不想跳舞，他支使玛丽和其他男人跳，而他自己却坐在角落里和玛蒂尔达聊天。

玛丽指责林肯堕入玛蒂尔达的情网，可林肯不承认。她坐在地上哭哭啼啼，不许林肯再多瞅玛蒂尔达一眼。

曾经是那么美好的一出婚恋，转眼间便转变成了喋喋不休的争执和吹毛求疵。

林肯这会儿已经察觉到自己和玛丽之间的巨大差异：无论是所受的教育、家庭背景、脾性、品位，还是精神面貌。他们不断地相互惹恼对方。林肯意识到，他们必须解除婚约，否则婚姻将是一场灾难。

玛丽的姐姐和姐夫也有同样的预感。他们急切地要求玛丽放弃与林肯结合的想法，还一次又一次地警告玛丽，说她们一点也不合适，在一起不会有幸福可言。

但是，玛丽就是听不进去。

数周之后，林肯鼓足勇气，告知玛丽这一痛苦的事实。当晚，他来到斯普林菲尔德的店铺里。在壁炉旁，他从口袋里拿出一封信给斯皮德看。斯皮德回忆道：

这封信是写给玛丽·托德的。在信中，他坦陈自己已经冷静、细致地思考过这桩婚事。他告诉玛丽，他并不十分地爱她，也不想和她长相厮守。他想让我去送这封信，我没有答应他。他说除了我，他不会相信其他任何人。我提醒他，此信一旦送达托德小姐之手，她一定会利用这封信来贬损他。"话语是很容易被遗忘的，" 我说，"私人谈话中往往包含有误解和忽略的成分。但是，一旦将话语转变成文字，它们就生动起来了，这将对你产生永久的不利。"于是，我将这封不吉祥的信扔进了火堆。

因此，我们无从知晓林肯到底在信中说了些什么；但是，参议员贝弗里奇说:"通过阅读他给欧文斯小姐的最后一封信，我们可以得知一些蛛丝马迹。"

在此，让我们简单回顾一下林肯和欧文斯小姐的恋情。这事发生在四年前。欧文斯小姐是贝尼特·阿贝尔夫人的妹妹，林肯在新塞勒姆时就认识她。1836 年的秋天，阿贝尔夫人回到肯塔基探亲。她说，如果林肯答应娶她妹妹的话，她便会将她带到伊利诺伊州来。

三年前，林肯见过欧文斯小姐一面，因此他说愿意娶她为妻。转眼间，欧文斯就出现在他的眼前！她面容姣好，举止大方，有教养，又有钱，可林肯就是不想和她结婚。他认为"她太一厢情愿了"。此外，她还比林肯年长一岁，又矮又胖。"和法尔斯塔夫[①]相配还差不多。"林肯如是说。

"我对她一点也不满意，"林肯说，"但是我能有什么办法呢?"

---

① 莎士比亚戏剧中一个肥胖、滑稽的角色。——译者注

阿贝尔夫人非常焦急，要求林肯遵守诺言。

但是，林肯就是不从。他承认自己“对这起鲁莽行为后悔不已”。他害怕，他觉得和欧文斯小姐结婚，就像是“爱尔兰人被套上了笼头”。

所以，他给欧文斯小姐写信，坦率而策略性地告之他的想法，并请求退出婚约。

这是其中的一封信，林肯在1837年5月7日写于斯普林菲尔德。我认为，此信可以让我们知晓林肯给玛丽·托德写信时的一些想法。

亲爱的朋友玛丽：

在寄出此信之前，我已经给您写过两封信了。那两封信都是在写到一半的时候就给撕了，因为我不满意。我认为第一封信写得不够严肃，而第二封却严肃过了头。我要将此信寄出，愿它能如我所愿地展现在您眼前。

至少对于我来说，生活在斯普林菲尔德无聊极了。这是我一辈子最无聊的时期。自从来到这里，我只和一位妇人说过话，而且如果她能避开我的话，她也不会和我说话的。我在这里还没有去过教堂，也许近期都不会去。我远离它，是因为我不清楚自己该干些什么。我常常想起您来斯普林菲尔德生活的目的所在，但我害怕您无法得到满足。在这里，四轮马车满大街地乱窜，但您注定是享受不了它的舒适的。您注定会变得贫穷，因为您无法藏匿自己的财产。您确实能够耐心地忍受这一切吗？如果世上哪位女子愿意将她的财产和我的浇铸在一起，我愿意尽我所能让她幸福美满。如果我没有能力做到这一点，我将无法想象自己的痛苦。我明白,如果在您眼中没有显现出任何不满,那么和您在一起生活我会幸福一些。

您曾经对我说的不可能是玩笑话,或者是我误解了您。如果是这样,就请忘掉它吧。若您是当真的,我倒是希望您在作出决定之前能仔细考虑一下。至于我这边,我已经想好了,我会完全遵守自己许下的诺言。我还是劝您放弃这桩婚约。您还未能习惯艰辛的生活,它或许比您想象的还要艰苦。我知道您具备准确把握任何事物的能力。如果您在作出决定之前能周到地考虑这件事,那么我将非常乐意听从您的决定。

读完此信务请您给我一个详细的回复。除此之外,别无他求。尽管此信读来枯燥乏味, 但是在这纷乱的日子里它可能会是您的良伴。告诉您姐姐,我再也不想听到任何有关卖房子、迁徙之类的话了。一想到这事我就难受不已。

您的

林肯

林肯和欧文斯小姐之间的纠葛就此结束。现在再回到他和玛丽·托德之间的麻烦。斯皮德将林肯写给托德小姐的信扔进了火堆,转向他的朋友和室友,开口说道:“你如果有男子汉的气概,那就该亲自去见玛丽,告诉她你不爱她也不会娶她这一事实。别说得太多,一有机会你就马上离开。”

斯皮德接着说道:“听了我的告诫,他穿上大衣,以一种坚定的神色走出屋子,去执行那项我已经给他指明方向的任务。”

赫恩登说，那天晚上，斯皮德没有上楼和我一起就寝，他留在了楼下的店铺里，假装想找些东西来读一读。他在等林肯回来。十点已过，可林肯与托德小姐的会晤还没有结束。终于在十一点之后，林肯昂首阔步地回来了。斯皮德很高兴，但是从林肯出去的时间来看，林肯并未遵从他的指点行事。

“喂，伙计，你是按我所说的和你所答应的那样去做的吗？”斯皮德问道。

“是的。”林肯若有所思地回答道，“当我告诉玛丽我不爱她时，她马上就哭了。她几乎从椅子上跳了起来，双手绞在一起扭挤着。她极度恼怒，说着什么骗子、自欺欺人之类的话。”

“那你还说了些什么？”斯皮德问道。

“告诉您实在话，斯皮德，我已经说得够多的了。我泪流满面，把她搂在怀里，亲吻她。”

“这就是你所谓的解除婚约，”斯皮德讥讽道，“你的行为不单是愚笨，它表明你们已经重归于好。你现在再也不能提毁约之事了，否则你会显得不正派。”

林肯慢条斯理地说道：“如果我又回到了老路上，那就随它去吧。事情既然已经这样了，我也只好允诺了。”

时光荏苒，婚礼的日子渐进。女裁缝们忙于赶制玛丽·托德的嫁妆。爱德华兹大楼焕然一新：起居室被重新装修过，地毯换了，上了蜡的家具油光四射。

这会儿，一件可怕的事情发生在亚伯拉罕·林肯的身上。真不知该如何阐释这件事才好，这不是一般的痛苦，而是心灵的沉重抑郁，它是危及灵与肉的恶疾。

林肯一天比一天消沉和痛苦,他的内心几乎要崩溃,一连好几个星期他都一言不发，真不知道他能否从这种折磨中恢复过来。尽管他完全同意结婚,但他的整个心灵却在抗拒这件事。可他意识不到这一点,只是一味地想到逃避。他在店铺楼上的房子里一待就是好几个小时,根本不想去办公室,也不去参加立法的会议。有时候,他凌晨三点就起床了。他走到楼下,点燃壁炉,双眼紧盯炉火,呆坐着直到天明。他吃得很少,体重开始下降。他脾气暴躁,不愿意见人,也不和人说话。

林肯现在开始畏缩于日渐逼近的婚事，他的心低沉得好似跌进了黑暗的深渊,他担心自己失去理智。他给辛辛那提的丹尼尔·德雷克医生写了封长信,详细叙述了自己的症状,并请求推荐医治的良方;但是医生说,他在没有亲自诊断之前不可能指点任何良方。德雷克医生是辛辛那提学院医学系的主任,是西部最著名的内科医生。

婚礼之日定在 1841 年 1 月 1 日。天刚刚破晓,斯普林菲尔德的权贵们便乘坐雪橇四处游逛,恭迎新年的到来。马的鼻孔散发出腾腾的热气,马铃的叮当声在空中回荡。

在爱德华兹家的大楼里,人们做着最后有条不紊的准备,搬运工抓紧最后时刻在后门搬这挪那。今天请来了厨子;食物没有放在那口铁制的炉灶上烹煮,而是用上了新的发明——一台烹煮炉已经安装就绪。

新年的夜幕降临了,镇上满是柔和的烛光,家家户户的窗台上都挂满了圣洁的花环。爱德华兹大楼洋溢着兴奋和期待。

六点三十分,兴高采烈的客人们开始陆续到达。六点四十五分,主持仪式的教长来了。房间的两边布满了植物和五颜六色的鲜花。爆竹“啪啪”作响，烟火四溅，整个大楼都回荡着欢声笑语。

时钟敲响了七下……七点三十分，林肯还没有出现……他迟到了。

时间一分一秒地过去……缓缓地、毫无留情地，分针从三十分处又走过了十五分钟，又走过了三十分钟……可新郎还是没有出现。爱德华兹小姐来到前门，紧张地朝马路那边望去。怎么回事？他会不会……不！不可想象！不可能！

家人聚在一边低语，仓促地商量着对策……

在隔壁房间，玛丽·托德已经披上婚纱，穿上了丝裙，等待着……等待着，不耐烦地把弄着头花。她不时地走向窗边，朝大街上望去。她的双眼一动不动地盯着时钟，她的手心变得潮热，前额渗出点点汗珠。又过去了可怕的一个小时。他答应过……他一定会出现的……

九点三十分，客人们一个接着一个悄悄地离去，带着疑惑和不安。

当最后一位客人离开的时候，准新娘从头上扯下婚纱，撕碎了头花，一路小跑上楼，将自己重重地摔在床上。她痛苦欲裂。噢，天哪！人们会说些什么？她一定会被嘲弄，可怜虫，多丢脸，在大街上没脸见人。巨大的痛苦和暴躁席卷了她的全身。一会儿，她渴望林肯牵起她的手；一会儿，她又很想把他杀了，因为所受的伤害，因为所受的耻辱。她被林肯弄得昏头昏脑。

林肯上哪去了呢？他被坏人纠缠住了？出事了？他逃走了？他自杀了？无人知晓。

半夜里，男人们打出灯笼，四处寻找。有些人来到林肯在镇上经常出没的场所，其他人则在通往乡村的小道上搜寻。

8

一整晚，人们都在寻找林肯。拂晓时分，人们发现林肯呆坐在办公室里，语无伦次地说着胡话。朋友们担心他神经错乱。玛丽·托德的亲友们认为他已经疯了。他们解释说，这就是林肯未能在婚礼中出现的原因。

人们立即将亨利医生叫了过来。林肯威胁说要自杀，所以亨利要求斯皮德和巴特勒一刻不停地盯住他。就像安·拉特利奇去世时的情形，人们收缴了林肯的刀，把它藏了起来。

为了让林肯忙碌起来，亨利医生极力劝说林肯参加议会的例会，因为作为辉格党的底层领导人，他应该不断参加会议才对。但是记录显示，在三个星期里，他仅出席了四次会议，并且每次都只是待一两个小时。1月19日，约翰·J.哈丁向国会汇报了林肯的病情。

逃婚之后的第三个星期，林肯给他的法律事务所合伙人去了一封信。这是他有生以来写得最悲切的一封信：

现在我是活在世上最悲惨的人。如果我现在的感觉和整个人类大家庭平等分享，那么在这世上就不会有任何一张快乐的笑脸。我的将

之后，他们常常约会，但都是在弗朗西斯家关起门来秘密进行。

起初，玛丽甚至没有让她的姐姐知道林肯又和她约会这件事。

最终，姐姐还是知道了，她问玛丽“为何如此神秘”。

玛丽说，“躲来躲去”也不是办法，但最好还是能避开所有的耳目；世上的男女都不可能自始至终，都是说变就变。玛丽还说，就算这次又遭不幸，也无人知晓她们又重归于好过。

也就是说，在经受了上次教训之后，这回玛丽下定决心严守秘密，直至确信林肯能迎娶她的那一天。

那么，玛丽·托德这回使了些什么招数呢？

詹姆斯·马西尼说林肯常对他说：“我被一步一步地拽向婚姻，托德小姐说我娶上她一定会大放光彩。”

赫恩登也说：

> 林肯先生娶玛丽·托德就是为了挽回声誉，这件事似乎很平常，但是却让他失去了内心的平静。他已经对自己作了全面的反省：他知道自己不爱她，但他却承诺要娶她。这简直就是一场噩梦……他面临着荣誉与内心平和的最后抉择，他选择了前者，却忍受着长期的自我折磨和内心的剧痛。他永远也不可能拥有一个幸福美满的家。

在迈向婚礼殿堂之前，他写信给已经回到家乡肯塔基的斯皮德，询问他是否在婚姻生活中找到了快乐。

林肯强烈要求：“请尽快回复，我迫不及待。”

斯皮德答复说,比他期望的幸福还要多。

于是,就在收到回信的第二天下午,即1842年11月4日,伴随着一颗痛楚的心,林肯勉勉强强地向玛丽·托德求婚。

玛丽希望将婚礼就安排在当天晚上。林肯犹豫不决。他惊讶,继而对事情的迅速发展感到害怕。林肯知道玛丽迷信,因此推脱说当天是星期五。但是,想起以前所发生的一切,玛丽害怕一旦推迟婚期,这一次婚约又将会是徒劳的。她连二十四小时都不愿意再等待。更何况,当天是她的生日,二十四岁生日。于是,他们匆忙赶到查特顿珠宝店买下一枚婚戒,上面刻着“挚爱永恒”。

当天下午,林肯请求詹姆斯·马西尼做他的伴郎。他说:“詹姆斯,我不得不和那女孩结婚了。”

当天晚上,在巴特勒家,林肯穿上新衣服和黑色长靴。这会儿,巴特勒的小男孩闯了进来,他问林肯要去哪里。

林肯答道:“去地狱。”

由于上次未遂的婚礼,玛丽·托德在绝望中扔掉了嫁妆,所以这次她只好穿上朴素的白色碎花裙子。

一切都在紧张、忙乱中进行。爱德华兹女士在婚礼举行的两个小时前得到通知。她匆忙准备蛋糕,可是蛋糕没有足够的时间冷冻,根本没法切开。

当查尔斯·德雷瑟诵读基督婚礼致词时, 林肯似乎一点也高兴不起来。他的伴郎证实道:“他仿佛在赶往屠宰场。”

对于这桩婚事,林肯只有过一次评论,那是婚礼过去一周后,他去信给萨缪尔·马歇尔商讨业务时提及的。这封信现今仍保存在芝加哥历史学会。

林肯在信中写道:“除了我的婚事,这里一切如常。婚事于我来说,是一个奇迹。”

第 二 部 分

那天下午的演说，是林肯一生中的第一次辉煌。

9

正当我在伊利诺伊州新塞勒姆撰写此书之际，我的好朋友亨利·庞德——当地的一名律师——三番五次地对我说:“你应该去见见吉米·迈尔斯大叔,因为他其中的一个叔叔赫恩登曾是林肯的法律事务所合伙人,而他的一个婶婶开过旅店,林肯夫妇曾在那里住过一段时间。”

这是个不错的主意。于是,在 7 月里的一个星期天下午,我和庞德先生驱车来到新塞勒姆附近的迈尔斯农场——林肯前往斯普林菲尔德借阅法律书籍时常常在这里歇脚,以叙说故事换来一杯苹果酒。

吉米大叔拖出一张摇摇欲坠的三人椅，放在前院一棵枝繁叶茂的桃树树荫下。在那里,我们长谈了好几个小时。稚嫩的火鸡和毛茸茸的小鸭子在草地上跑来跑去,唧唧喳喳叫个不停。吉米大叔向我们讲述了一件从未见诸报端的事。

迈尔斯先生的婶婶嫁给了一位名叫雅各布·M.厄尔利的医生。林肯来到斯普林菲尔德大约一年后,1838 年 3 月 11 日的晚上,有个人骑马来到厄尔利医生家门前,把厄尔利叫了出来,拔出手枪对准他就是一阵狂射,然后策马扬长而去。尽管那会儿斯普林菲尔德地方很小,可就是抓不到凶手,而这起枪杀案至今还是个谜。

厄尔利医生留下一处很小的房产，所以他的遗孀只有将房子改作旅馆以维持生计。而婚礼后不久，林肯夫妇便住进了厄尔利夫人的家。

吉米大叔告诉我，他当时常常听厄尔利夫人讲这么一件事：有一天早晨，林肯夫妇在吃早餐。林肯之前不知做错了什么而惹恼了妻子，夫人怒不可遏，将一杯滚烫的咖啡泼在丈夫的脸上。当时，其他的住客也在场。

林肯坐在那里忍受着羞辱，一言不发。厄尔利夫人走了过来，用湿毛巾将林肯脸上和衣服上的咖啡渍擦干净。这一事件可能是林肯二十五年婚姻生活的典型写照。

斯普林菲尔德有十一名律师，可他们的生活在当时都难以为继，所以，他们都跟随着大法官戴维·戴维斯的第八区法院在各个地方流动办案。每逢周末，律师们都会千方百计地赶回斯普林菲尔德的家中与家人团聚。

可是林肯不然，他害怕回家。春天里的整整三个月，以及秋季里的三个月，他都待在家以外的地方，从不靠近斯普林菲尔德。

年复一年，他都是如此。乡村旅馆的居住条件非常恶劣，可他就是不愿回家蒙遭妻子的喋喋不休和暴躁脾气。邻居们常说："她伤透了他的心。"邻居们深知这一点，因为他们也无法躲避林肯夫人的唠叨。

参议员贝弗里奇说，林肯夫人的"尖利嗓音可以穿透整条大街，而她那永无休止的怒骂，连住在附近的邻居都听得一清二楚。通常情况下，她的恼怒不是通过言语而是通过其他方式发泄出来的，其狂暴的举动难以计数"。

"她是在引领丈夫跳着一支狂乱而欢快的舞曲。"赫恩登说。

赫恩登感觉林肯知道"她释放失落和狂怒的痛苦"的原因。

她是想报复。“林肯粉碎了她的高傲，”赫恩登说，“她觉得在这世上被贬低了价值。报复来临，爱意全无。”她不断地抱怨，抨击自己的丈夫，说他没有一件事是做得正确的：他的肩膀俯曲，走起路来不雅观，两条腿直挺挺地上下踏步，没有弹性，简直就是个印第安土佬。她模仿他的步态，取笑他，还一个劲儿地要求他学习她从法语学校学来的走路姿势——脚尖落地。

她不喜欢他那对硕大的招风耳。她甚至还说，他的鼻子不够挺拔，他的下嘴唇突出，看起来就像得了肺痨一般；而他的四肢太粗，可脑袋又太小。

林肯对外表和衣着极不在乎，这大大地刺激着玛丽·托德的感官神经，使得她非常不痛快。赫恩登说：“林肯夫人野老虎般的脾气也是有原因的。”有时候，林肯将一只裤管塞进靴子里，而另一只却罩在靴子外头摇来晃去，他就这样走在大街上。他的靴子极少打蜡。他的衣领常常是脏兮兮的，大衣也是好长时间都不刷洗一次。

詹姆斯·古尔利曾经与林肯家为邻数年。他写道：“林肯先生来我家时常常只穿拖鞋，一条旧得发白的长裤只用一根吊带拴着。”

在晴暖的天气里，林肯会外出游玩。他那尼龙质地的外衣简直就是一块抹布，衣服上到处都是斑斑汗渍，看起来就像是一幅美洲大陆地图。

有一次，一位年轻律师在乡村旅馆遇见林肯。林肯正准备上床睡觉时，换上了“家里缝制的黄色法兰绒睡衣，睡衣长至膝盖，还遮住了半截小腿”，年轻人喊道：“他是我所见到的最荒唐可笑之人。”

他从来都没有自己的剃须刀，去理发店的次数也比林肯夫人要求的少很多。

他不修边幅，从不理会他那粗糙、野草般的头发——那简直是马鬃。玛丽·托德被气得一句话都说不出来。她帮他梳理,可没过多久又变得杂乱如麻,因为林肯把银行存折、信件以及法律文件,通通堆放在戴在头顶上的宽沿帽里。

有一天,林肯在芝加哥照相,摄影师极力要求他打扮得整洁些。可他回答说:"一张颜面光洁的林肯肖像,在斯普林菲尔德是很难被人认出来的。"

他就餐时举止粗犷,动作幅度很大。他从没有正确地使用过刀叉,也从没有将刀叉摆放在正确的位置。他使用刀叉吃鱼和切面包时,简直可以说是没有任何技巧。有时候,他把盛肉的盘子倾斜,不是好好地切猪肉,而是将肉块耙到盘子里去。他坚持只用他自己的刀切牛油,这无疑会挑起他和夫人之间持续的"激烈战争"。有一次,他将鸡骨头放在盛有莴苣的碟子里,这差点把玛丽·托德气晕了。

女士进屋的时候,他从不起立迎候,也不会跑过去替她们取下披肩;客人离去时,他也不送至门口。这些都引来夫人的抱怨和责骂。

林肯喜欢躺着看书。从办公室一回到家,他便换下外套,蹬掉鞋子,从肩上摔下吊带,搬上一把椅子放在大厅中央,将椅子底朝天。他将枕头放在倾斜的椅背上,四肢张开,头和肩膀紧贴着枕头。

他就这样躺上好几个小时——常常是看报纸。有时候,他也会看一本名叫《亚拉巴马的繁荣时代》的书,书中有个关于地震的幽默故事。更多的时候,他是读诗。无论看什么,他都会大声朗读,这是他在印第安纳州那所"瞎闹"学校养成的习惯。他甚至觉得,通过朗读不仅可以将所读之物嵌进视觉,还可以灌进听觉,这样便可以长久地记住书中的内容。

有时候,他躺在地上,闭上眼睛吟诵莎士比亚、拜伦或爱伦·坡的诗句。

例如：

只要我梦见美丽的安娜贝尔·李，
月亮就会熠熠生辉，
只要我看见美丽的安娜贝尔·李的那双明眸，
星星就会晶莹闪烁。

和林肯夫妇朝夕相处两年的一位女亲戚告诉我们，有一天晚上，当林肯正躺在大厅地板上看书的时候，他的朋友来了。他没有叫用人去开门，而是自己爬起来招呼朋友，还说"把那些女人赶出去"。

林肯夫人在隔壁房间听见了丈夫的这句玩笑话，她立即"义愤填膺"；相反地，倒是林肯被轰出了门，而他也乐得如此。那天晚上，他很晚才回家，一个人静静地睡在后院的屋里。

林肯夫人的嫉妒心非常强烈，她非常讨厌乔舒亚·斯皮德，因为他是林肯亲密无间的朋友。她怀疑就是斯皮德影响了林肯而致使他逃避了第一次婚约。结婚之前，林肯去信给斯皮德时，总是习惯于在信的末尾加上一句对其太太的问候："爱你，芬妮。"然而婚后，林肯夫人要求将问候语改为"代问斯皮德夫人好"。

林肯是位"受滴水之恩当涌泉相报"的人，这是他突出的个性之一。他曾许诺说，第一个儿子要取名为乔舒亚·斯皮德·林肯，以示对斯皮德的感激。可是，当玛丽·托德知道这事后暴跳如雷。这是她的孩子，该由她来取名。这名字不能叫乔舒亚·斯皮德，应该叫罗伯特·托德，用她父亲的名……她就这样一次又一次地闹个不停。

给那个男孩取名罗伯特·托德的事几乎没有必要多说什么。他是林肯家四个孩子中唯一长大成人的。埃迪于1850年夭折于斯普林菲尔德，年仅四岁；威利十二岁时去世于白宫；泰德于1871年在芝加哥过世，时年十八岁；而罗伯特·托德·林肯于1926年7月26日死于佛蒙特州的曼彻斯特，享年八十三岁。

林肯夫人抱怨说，院子里鲜见花草，缺乏色彩。于是，林肯就在庭院里种了些玫瑰，由于疏于打理，花很快就枯萎了。他对花没有一丁点儿兴趣。林肯夫人很想有个花园。有一年春天，他将花园建了起来，可那里面全是疯长的杂草。

尽管林肯没有做过太多的体力活，但他还是喂养过家里的那头“老山羊”；他也饲养过牛，挤过奶；还为家里锯过木头。他一直都在干着这些，直到当选总统之后离开斯普林菲尔德。

然而，林肯的二表兄约翰·汉克斯有一次却说：“除了做梦，阿贝啥事也干不好。”玛丽·林肯很有同感。

林肯常常显得心不在焉，完全忘却周围所发生的一切。每逢周日，他都会把孩子放进小马车里，然后拉着小马车在家门前那条高低不平的人行道上走来走去。有时候，孩子会滚出车外，可林肯的双眼只是一个劲儿地盯住地面，双手坚定地推着马车，完全听不见身后的嚎啕大哭，直到夫人从门缝里伸出头来朝他尖声怒斥，他才意识到大事不妙。

有时候，一天工作之后从办公室回到家，林肯压根儿就不多瞧夫人一眼，更不会和她说话。他对食物不感兴趣，夫人做好饭后，常常要费一番口舌，才能将他推到餐桌旁。她叫他，可他就是听不见。就算是上了餐桌，他也是两眼发直，呆坐着胡思乱想。要不是夫人多次提醒，他就会忘记吃饭这回事。

饭后，他会直盯着壁炉，长达半个小时一言不发。孩子们在他身旁爬来爬去，拔弄他的头发，喊他，可他就是视而不见。不过，突然间他又会回过神来，给孩子们讲个笑话，或是背诵他喜爱的诗句：

噢，死神为何如此骄傲？
像稍纵即逝的流星，像翻飞的青云，
像一道闪电，像一阵波涛，
他的整个生命就这样被送进了坟墓。

夫人批评他不教导孩子。他非常宠爱孩子。夫人说："他对孩子们的小毛病不闻不问，可从来不会错过对他们良好行为的赞扬。他还宣称，'我的幸福就是让孩子们自由、幸福，不受家长制的压迫，爱是维系家长和孩子感情的纽带。'"

他给予孩子的自由有时显得过分。有一次，他正和高等法院的一位法官下棋，罗伯特走来告诉他开饭了。林肯连声应允"好的，就来"。可是他太爱下棋了，一下子就忘了这码事。

罗伯特又来了，说是母亲等急了。林肯还是说马上就到，可他又忘了。

第三次，罗伯特发出了最后通牒，林肯也答应了，可还是继续下棋。这回，罗伯特折回身，突然一脚重重地踢向棋盘，棋盘飞向棋手的脑袋，棋子四散。

“好吧，法官，”林肯笑道，“我们改天再把这盘棋下完吧。”

显而易见，林肯从没想过给孩子纠正过错。

林肯家的孩子常常喜欢将一根棍子放在树篱上，等到晚上，他们便躲在树篱后面看闹剧。由于没有街灯，行人一旦撞上那根棍子，他们头上的帽子就会掉下来。有一次在黑暗中，他们错将父亲的帽子撞了下来。然而，林肯并没有大声怒斥，仅仅告诉他们要小心，不要惹怒了行人。

林肯没有固定的礼拜教堂，哪怕是对最要好的朋友，他也避开宗教问题的讨论。不过有一次，他告诉赫恩登，他的宗教信仰和一位名叫格伦的老人相似。在印第安纳州的一个教堂，他听过这位老人的演说。老人认为：做了好事，我就感到快乐；做了坏事，我就会难过。这就是我的信仰。

孩子们逐渐长大，林肯会在星期天的早上带他们出去走走。但是有一次，他把孩子们留在了家里，只和夫人去了长老会第一教堂。半小时之后，泰德想爸爸了，他跑去教堂。他的头发乱糟糟的，鞋带也没有系好，裤子卷成一团，手上、脸上到处是伊利诺伊黑泥。装扮优雅的林肯夫人惊呆了，她尴尬窘迫；可林肯却平静地伸出他那长长的手臂，亲切地搂过泰德，把他的小脑袋靠在自己的胸前。

在某些周日的早上，林肯也会将男孩们带到自己的办公室，任由他们在那里疯癫玩乐。赫恩登说：“他们很快就会翻箱倒柜，把书柜的里里外外搜个遍……还把铅笔扔进痰盂里，打翻文件上的墨水架，信件散落一地，接着就在上面乱舞一气。”

然而，林肯却“从未责骂过他们，连皱眉以示父威的暗示也没有。他是我所见过的最娇纵孩子的父亲。”赫恩登如是说。

林肯夫人极少去办公室；但是她只要一去，就会震惊不已：这地方杂乱无章，东西到处堆放。林肯把一堆文件捆绑在一块，上面标注：当你的东西无处可找时，不妨在这里找找。

如斯皮德所言，林肯的生活习惯是“有规则的无序”。

办公室墙上的一角有一块巨大的黑斑，那是一名法律系学生留下的：他操起墨水砚台朝另一个学生的头上扔去——结果没扔中。

办公室极少打扫和整理。散落在书架上面的一些花籽，已经在尘灰和污秽中发芽、生根。

10

在整个斯普林菲尔德，没有哪位主妇能比得上玛丽·托德那么持家有道。她最大的开销是用于社交和炫耀。当家里还无法购置马车时，她就把马车买了下来。有一天下午，她花上 25 美分雇用邻家男孩，赶着马车在镇上东游西逛尽显派头。斯普林菲尔德只不过是个小村子，她完全可以步行或雇辆马车。可她偏不，因为这样做会有失身份。不管有多穷，她总能找到钱财置办衣物。

1844 年，林肯一家花 1500 美元买下了查尔斯·德雷瑟的房子。德雷瑟夫妇是两年前结婚的。房子由一间起居室、一间厨房、一间会客室和几间卧室组成，在房子后院，还有一个堆放干柴的外室，以及一个养奶牛和老山羊的谷仓。

起初，这地方对玛丽·林肯来说简直是个天堂——和她刚刚搬离的萧瑟的出租屋相比也的确如此。何况，她还有一份作为业主的骄傲和新鲜感。但是，满足感很快就开始消退，她老是在家里找茬。她姐姐住的是两层楼的大房子，可她的房子却只有一层半高。有一次，她对林肯说："居住在一层半高房子里的男人，不会有太多的建树。"

通常，当她向林肯要东西的时候，林肯从来不会询问东西的必要性。“你知道你要些什么，”他说，“去买就是了。”但是，在扩建房子这件事上，他提出了反驳：我们不是大家庭，这房子已经足够用了。再说，他还不富裕，结婚时仅有500美元，从此之后就再没有增加多少积蓄。他知道他们没有能力换个大房子，而她也知道这一点；可她就是不停地要求和抱怨。最后，为了让她闭嘴，林肯找来承包商核算成本，并要求承包商将价格算高些。林肯将价目告诉她，吓得夫人喘不过气来。他认为这事该平息了。

可是，他高兴得太早了。当他再次外出巡回办案时，夫人找来了另外的木匠，估算了一个较低的价格，所以扩建工程立马就开始了。

当林肯回到斯普林菲尔德，走到第八街的时候，他几乎没能把自家的房子认出来。他见到一位朋友，认真地自嘲道：“陌生人，您能告诉我林肯先生的家在哪里吗？”

他当律师的收入并不丰厚。如其所言，他常常要“辛苦拼凑”才能付清账款。这回，一笔不必要的开销又压在了他的肩头。

这让他伤心，他也是这么说的。

对于斥责，林肯夫人使用了其所知晓的唯一回敬方式——攻击。她攻击他没有金钱观念，他不懂得如何持家，他没有担当起足够的责任。

这是她最值得同情的冤屈之一，很多人都站在她的一边。律师们常常被林肯的琐事所惹恼，他们认为林肯正在拖垮整个律师界。

1853年，林肯四十四岁，距离入主白宫仅八年时光。那一年，他在麦克来恩巡回法院仅处理了四桩案件，总收入为30美元。

他说，大多数客户都和他一样穷困，他不忍心收费太高。

有一次，一个客户送来25美元，林肯退回去10美元，还说客户太大方了。

还有一次，林肯制止了一名骗子夺取一位伤心姑娘价值10000美元的财产。他在十五分钟之内就赢了这起案子。一小时之后，他的助理沃德·拉蒙前来分发250美元律师费。林肯严厉地责骂了他一顿。拉蒙据理力争，说这笔费用事先已经谈妥，姑娘的兄长完全同意支付。

“这有可能，”林肯反驳道，“但是我不同意。这笔钱是从人家口袋里掏出来的。我宁愿饿死也不愿以这种方式欺骗这位姑娘。你至少得还回去一半的钱，否则我只拿一分钱的酬劳。”

还有一次，一名养老金代理商，在为一名士兵的遗孀办理养老认证时，收取了200美元的费用。这妇人又老又穷，背弯得无法直立。林肯帮她起诉那名代理商，最后赢了案子，可他一分钱费用也没收。不仅如此，他还为她支付了住宿费，给她钱买东西回家。

有一天，阿姆斯特朗的遗孀找到林肯。她陷入了困境：在一片醉醺醺的争吵声中，她儿子达夫杀死了一个人，被指控犯有谋杀罪。她请求阿贝救救她的儿子。林肯在新塞勒姆时就认识阿姆斯特朗一家。事实上，当达夫还是个婴儿躺在摇篮里时，林肯就摇哄过他入睡。阿姆斯特朗全家性情狂野，放浪不羁，可林肯就是喜欢他们。达夫的父亲杰克·阿姆斯特朗曾经是“林中之王”的头儿，在一次摔跤比赛中被林肯征服了，其霸主的地位从此一去不复返。

彼时，老杰克已不在人世。林肯轻快地走到陪审团前，作了一场最令人感动的辩护，将达夫从绞刑架上救了下来。

所有寡妇都能分到四十英亩的土地，达夫的母亲想把这片土地送给林肯。

“汉娜大婶，”他说，“多年前，当我还是个无家可归的穷孩子时，您收留了我，给我吃的，帮我缝补衣服，我现在不应该收您一分钱。”

有时候，他极力奉劝委托人在庭外和解，即使出了不少主意，他也不收费用。有一次，他拒绝接受对一个男人不利的判决，他说：“我真的为他感到难过——他又穷又老。”

尽管善良、体贴、愿望美好，可这些都不来钱，所以玛丽·托德又气又恼，指责不断。她的丈夫活得一点都不像人样，可其他律师却靠着律师费和投资过着富裕的生活，比如戴维·戴维斯法官、洛根法官——对了，还有斯蒂芬·A.道格拉斯。道格拉斯通过投资芝加哥的房地产，已经积聚了一笔财富，甚至还干起了慈善事业。他向芝加哥大学捐赠了十英亩珍贵的土地，在上面盖起了大楼。不仅如此，他现在还是全国最有声望的政治领袖之一。

玛丽·林肯不知有多少次想到道格拉斯，她是多么想嫁给他啊！如果她成了道格拉斯夫人，她就可以成为华盛顿的社交领袖；她可以穿上巴黎服饰，畅游白宫。不过，这些在当时还只是徒劳的白日梦。

作为林肯夫人，她的未来是什么？林肯的一生，可能一直如此，直至老死。一年中，他有六个月外出巡回办案，将妻子独自留在家里，没有挚爱，没有关怀……现实与她老早在法语学校所梦想的浪漫情景是多么不同！多么强烈的不同！

11

如前所述，林肯夫人在好些方面都持家有道，并且引以为荣。她谨慎购买家庭所需；就餐时，分到每个人碟子上的食物都尽量适中，留给家猫的食物所剩无几。林肯家不养狗。

夫人买来一瓶又一瓶的香水，撕开封条，逐瓶试用，然后再一瓶一瓶地退回店里去。她抱怨货不对板，不满意香水的质量。她这样做的次数多了，致使诚信丧失，店老板再也不卖东西给她了。人们至今还可以看到，这位店主在斯普林菲尔德的账本上用铅笔标注："林肯夫人退回的香水。"

夫人总是和商家过不去。有一次，她觉得迈尔斯出售冰块时缺斤短两，于是她大声喝斥，弄得左邻右舍都跑来看热闹。

这是她第二次喝斥迈尔斯。迈尔斯诅咒说，在她购买下一块冰之前，他要亲眼看着她在地狱里被灼烧得"嗞嗞"作响。

迈尔斯说到做到，他再也不运送冰块给夫人。这事可就麻烦了，因为夫人少不了要用冰块存放食物，而迈尔斯是镇上唯一的冰块供应商。没法子，玛丽·林肯只好做了平生唯一一次委屈自己的事，但她并非亲自出马。她付给邻居 25 美分，叫她去抚平迈尔斯的怒气。这位邻居好言相劝，迈尔斯终于恢复了对林肯家的冰块供应。

林肯的一位朋友创办了一份小报——《斯普林菲尔德共和党人报》——并在镇上游说推销，林肯便订了一份。当第一份报纸送至门口时，玛丽·托德气极了。什么？又是一张无用的报纸？她在省吃俭用，可别人却在挥霍！于是，林肯又挨了顿训斥。为了安抚她，林肯表示并没有要求送报纸。这倒是真的。之前，他只是说要订阅报纸，可并没有要求派送。多妙的律师技巧！

那天晚上，玛丽·托德瞒着丈夫，给编辑写了封措辞尖刻的信，信中谈及她对报纸的看法，并要求停止送报。令林肯夫人感到羞辱的是，那位编辑却在栏目中公开回信，并且还写信给林肯，要求一个解释。林肯被家事外扬弄得极为难堪，可他只有忍辱负重，向编辑说尽好话，表示这完全是一场误会。

有一次，林肯想邀请继母和家人共度圣诞节，可玛丽·托德不同意。她瞧不起老人，轻视托马斯·林肯和汉克斯家族，认为他们有辱她的名声。林肯担心，即使亲戚前来探访，玛丽·托德也不会接待的。继母的住所距离斯普林菲尔德只有七十英里，可这二十三年来，都是他去探望继母，继母从未踏足过他的家门。

自结婚以来，哈丽雅特·汉克斯是唯一探访过林肯的亲戚，她是林肯的远房外甥女，一个知书达理、讨人喜欢的女孩。林肯非常喜欢她，当她在斯普林菲尔德上学时，便邀请过她住在家里。林肯夫人不仅把她当做贴身女仆使唤，还要她包揽下家中的一切杂务。林肯反对夫人这种不公平的处事方式，结果导致了令人伤心的场景。

夫人与她雇用的那些女佣麻烦不断。只要她发火，女佣们便收拾包袱出走；于是，林肯家的用人川流不息。她们瞧不起夫人，还把夫人的恶行告诉周围的朋友。很快,林肯家就上了用人的黑名单。

对于这些不得不雇用的"野蛮的爱尔兰人",夫人总是找她们的茬。她痛骂她们,写信给朋友揭发她们。可是,所有爱尔兰人在为她干活时都会变得"野蛮"起来。夫人公然表态:如果她比丈夫长命,她将会在南方度过余生。在家乡列克星顿,抚养她长大成人的人们不会容忍用人的任何冒失行为,黑奴一不留神就会被架到广场的鞭池里接受鞭挞。托德家的一位邻居曾经将其六个黑奴抽打至死。

那会儿,朗·杰克在斯普林菲尔德是个非常知名的人物。他有一对骡子和一辆破败不堪的马车,自诩在经营"快递"服务;其侄女在给林肯夫人帮佣。数天之后,主仆之间发生了争执。这女孩扔下围裙,拿起包袱,重重地将门一摔,便走出了林肯的房子。

当天下午,朗·杰克赶着骡子来到第八街和杰克逊街的拐角处,告知林肯夫人他是来取侄女的行李的。夫人勃然大怒,用尽恶毒之言谩骂杰克及其侄女,并扬言只要杰克跨进她的家门就要挨打。盛怒之下,杰克来到林肯的办公室,要求这可怜的男人说服自己的妻子向他赔礼道歉。

得知事情经过之后,林肯哀求道:"听到这些我很难过,但实话告诉您,在过去的十五年岁月里,类似事件可是我日常生活中的一部分,您能否就忍气吞声那么一会儿?"

朗·杰克对此深表同情,道别之际反倒就自己的冒昧打搅而向林肯道歉。

有位女仆在林肯家帮佣超过两年之久,邻居们都相当惊讶,他们觉得这不可思议。其实原因很简单:林肯和她之间有个秘密交易。女仆刚来的时候,林肯把她叫到一旁,坦诚地相告她将要忍受的一切,他歉疚地告知女仆必须做到视而不见。如果女仆能做到这一点,他自己每周就会另外支付给她一笔额外的酬劳。

怒斥照常发生,但因有了精神和金钱上的支持,玛利亚坚持了下来。每当林肯夫人恶言相向的时候，林肯便会趁着玛利亚一个人在厨房的时候溜进去,拍着玛利亚的肩膀劝告道:“玛利亚,鼓起勇气,留下来,留下来。”

玛利亚后来结婚成了家。她的丈夫在格兰特将军手下当兵。当格兰特投降的时候,玛利亚急匆匆赶到华盛顿搭救丈夫,她和孩子们都希望他回家。林肯见到玛利亚非常高兴,他坐下来和她谈及过去的生活情景。林肯想留下她一齐用餐,可玛丽·托德不乐意。于是,他给了她一篮水果和一些买衣服的钱,并嘱咐她第二天再来,等他开具通行证。可是第二天,玛利亚并没有出现,因为就在当天晚上,她的丈夫被秘密杀害了。

这么些年来,林肯都是在狂风暴雨中度过的,留在他清晰记忆中的全是心酸和憎恨。有时候,他近乎发疯。

托德家族的神经是有那么一点不正常。玛丽的父母是堂兄妹,他们是近亲结合。有些人,包括玛丽的医生,都怀疑玛丽患有早期精神疾病。

林肯以基督式的耐心忍受着一切,极少与夫人发生口角;但林肯的朋友可没有如此驯良。

赫恩登说玛丽·托德是只“野猪”,是只“母狼”。

特纳·金,林肯的狂热追随者之一,形容玛丽为“捣蛋鬼,女魔”,他还说亲眼见到玛丽·托德一次又一次地将林肯赶出家门。

斯普林菲尔德卫理公会教堂的牧师就住在林肯家隔壁，牧师和林肯是好朋友。牧师的妻子证实说:“林肯的家庭生活非常不幸,人们常常可以看到林肯夫人举起扫帚把将林肯赶出家门。”

詹姆斯·古尔利与林肯家为邻十六年。他认为林肯夫人身上有个魔鬼,附在身上的幻觉驱使她狂暴如泼妇。她不停地嚎哭,非要让四邻全听到哭声不可,还说什么有个坏蛋要来袭击她,必须找人在房子四周守卫。

随着年岁的增长,夫人狂暴发作的频率越来越高,一次比一次厉害。朋友们都为林肯感到难过。他没有家庭生活,从不邀请朋友一起用餐,哪怕是像赫恩登和戴维斯法官这些最亲密的伙伴。他尽可能少地接触玛丽,晚上多是在法律图书室与一帮律师编撰典籍,或者是在迪勒的药铺里给大伙讲故事。

夜深了,可林肯仍在空旷的大街上独自徘徊。他的头深埋在胸前,神情沮丧、忧伤。有时候,他喃喃自语道:“我厌恶回家。”知道其问题所在的朋友,往往只有带他回住所过夜。

没有谁能比得上赫恩登更清楚地了解林肯悲凄的家庭生活。在《林肯传》第三卷第430页至434页中,赫恩登写道:

> 林肯先生从来没有过一个知己,因而他从未向他人吐露过心迹。据我所知,他从不向任何朋友,也包括我,说起自己的艰辛。他就这样默默地承受着重负,从来都是不吭一声。尽管如此,我还是常常能感受到他的哀伤。他不习惯于早起,通常要到早上九点钟才会在办公室出现。我常常比他早一个小时到达。可是,有时候他会早至七点整就去上班。有一次,我清楚地记得,他天亮之前就来到了办公室。如果我看见

他先于我出现在那里，我马上就可以想象得到，前一天他那怒海般的家里又刮起了一阵寒风，那一定是被搅得波涛汹涌。他要么仰躺在休息室里，要么蜷缩在一张椅子里，双腿放在后窗的窗台上。我进去的时候，他连眼睛都不抬一下，只是嘴里含含糊糊地嘟囔一声“早安”。我立即抓起纸和笔忙乎起来，或是拿起一本书来浏览。可是，他那明显的忧郁和意味深长的沉默令我坐立不安，我只好找借口说得去法院或是别的什么地方，然后立马离开办公室。

办公室的门朝向一条狭窄的过道，上半截是玻璃的，由一幅窗帘遮挡里外的视线。每当我留下林肯一个人在办公室的时候，我都会将窗帘拉上，而尚未走完最后一级楼梯，我便可以听到门上锁的声音。林肯独自忧郁地待在房间里。在法院职员的办公室里泡上一个小时，又在附近商店游逛一个小时之后，我该回去了。这会儿，或许有客户在向林肯征询法律方面的建议，或许阴郁的乌云已经散去——林肯正在滔滔不绝地背诵印第安纳的故事。时近下午，我得回家吃饭。一个小时之后回来，我发现他仍然待在办公室里——尽管他家就在附近，可他却趁我不在时来到楼下的商店，买块奶酪和一些饼干凑合充饥。晚上五六点钟下班的时候，他依然留在那里，要不就坐在楼梯口的箱子上，要不就坐在法院的梯级上，和一群闲人聊天。夜幕降临了，办公室里的灯亮着，林肯准还在那里。万籁俱寂之时，这个命中注定成为国家总统的男人，其高大的身影却仍然在树影下飘荡。几经徘徊，林肯悄然溜进那所俭朴的房子——他的家——从传统意义上来说，那本应是全世界为之欢欣的所在。

有些人或许认为，这番描述实在太夸张。事实就是如此，我只能这么说，他们不了解事实真相。

林肯信奉“与人无怨，博爱天下”的人生原则。可是有一次，他难以自制，因为夫人对着他好一阵乱嚷。他忍无可忍，一把抓起夫人的手臂，将她拖出厨房，推向门边。他嚷道：“你在摧毁我的一生。你把这个家变成了地狱。你这该死的，现在就给我滚出去！”

12

如果林肯娶了安·拉特利奇，他绝对有可能生活得幸福美满，但也有可能从此与总统的宝座无缘。他在思想和行动上都较迟缓，而安又不是那种逼他成就政治辉煌的女人。但是，玛丽·托德却不同，她那入主白宫的信念始终不移，一朝和林肯结合，她便督促他争取获得辉格党的国会议员提名。

然而，这是一场艰辛的战役，林肯未必能获胜。由于林肯不依附于任何一个教派，他的政敌指责他为异教徒，还谴责他是权贵和富有阶层的工具，因为他的姻缘与傲慢的托德和爱德华兹家族相关联。尽管这些指责纯属无稽之谈，但林肯还是意识到了它们给自己带来的政治伤害。于是，他反驳道："自我来到斯普林菲尔德以来，亲友中只有一人来探访过我的家。而就在我出发之前，他被指控偷了一名高利贷商的竖琴。如果他是傲慢、权贵家族成员之一，那么我为他的罪过感到内疚不安。"

选举时，林肯输了。这是他事业生涯中的首次政治挫折。

两年之后，他再度参选，赢了。玛丽·林肯欣喜若狂，她坚信丈夫的政治辉煌已经来临。她立马去订制衣服，还把法语好好温习了一遍。丈夫一到首府，她便在信中以"尊敬的A.林肯"称呼丈夫；但林肯马上给予了制止。

她也想在华盛顿居住，渴望享受指日可待的社会威望。当来到东部与丈夫会合时，她发觉事情远远不及她的期盼。林肯非常穷困，在收到政府开出的第一张薪水支票之前，他不得不向斯蒂芬·A.道格拉斯借钱以维持日常花销。夫妇俩只能租住斯普里格斯夫人在达夫格林街的出租屋。出租屋门前没有铺就的人行道，砾石路上烂泥一片，房子布满裂缝，且没有水暖设施。房子的后院有一个外间，一个养鹅的窝棚，一个菜园。由于邻居的猪老是闯进来吃蔬菜，斯普里格斯夫人的小儿子时不时得抄起家伙把猪赶走。

在那个时期，这座首府城市并不负责垃圾的收集管理，所以斯普里格斯夫人只有将垃圾堆在后院，任由四处游荡的猪、牛、鹅来觅食残渣。

林肯夫人发觉，通往华盛顿权贵之门对她紧闭着。由于没有人理会她，她只能和娇惯的孩子们待在暗淡无光的出租屋卧室里，还要忍受女房东儿子那令人头疼的尖叫声——把猪赶出菜地时的吆喝。

可是，无论林肯夫人的失望再怎么大，也大不过危机四伏的政治生涯。林肯进入国会之时，这个国家已经对墨西哥持续作战了二十个月。那是一场可耻的侵略之战，由国会中的奴隶制支持者挑衅而起，目的是为了掠取更多的土地，促使奴隶制度兴盛发展，从而让这一制度的支持者当选议员。

在那场战争中，美国成就了两件事：曾经归属于墨西哥的得克萨斯州划归给了美国，我们逼使墨西哥放弃了其在得州的主权；除此以外，我们还蓄意抢夺了墨西哥过半的疆土，并将其瓜分于新墨西哥、亚利桑那、内华达和加利福尼亚各州之中。

格兰特说，这是有史以来最邪恶的战争之一，他永远无法原谅自己曾经参与其中。许多美国士兵揭竿而起，把矛头指向了我方。在对抗圣安娜敌军的一场著名战役中,其军力完全由美国的逃兵组成。

在国会里,林肯像辉格党其他大多数成员那样激昂陈辞,抨击总统发动了一场"劫掠和屠杀的不义之战"。他认为,上帝已经"忘却了捍卫弱小和无辜的职责,纵容地狱里的恶魔和屠夫残杀男女老少,正义遭到亵渎,邪恶在张牙舞爪"。

对于这次演说,首府没有任何反响,因为无人知晓林肯。可是在斯普林菲尔德,它却激起了一阵风暴。伊利诺伊州有六千将士在前线,他们坚信自己是在为神圣的自由而战,可现在他们的代表却在国会称他们是"地狱里的恶魔",指责他们是"屠夫"。盛怒之下,辉格党人士举行集会公开谴责林肯,指控他为"卖国贼"……"懦夫"……"臭名昭著的"……"一个不错的游击队员"……"又一个本尼迪克特·阿诺德"。

在一次集会上,辉格党人士认为,这是他们蒙受羞辱最甚的时刻,"让活着的勇士和杰出的烈士遭受不白之冤,只会让每一位真正的伊利诺伊人感到义愤填膺"。

这一深刻的憎恨郁积了整整十年之久。十三年之后,当林肯竞选总统时,责骂的言辞又一次喷洒在他的头上。

"在政治上我已经自杀了。"林肯向他的法律事务所合伙人坦承。

现在他害怕回到家乡去面对那些怨气冲天的选民,所以他极力寻求一个能让自己在华盛顿待下去的安全职位,进而伺机争当国土办公室委员。但是,他未能如愿。

他又试图竞选俄勒冈州国土局局长,希望当俄勒冈州加入联邦之时,能成为该州的首批议员之一。可是,他的愿望再一次落空了。

他只好回到斯普林菲尔德，回到他那脏兮兮的办公室。他重新驾起那辆摇摇欲坠的老马车，在第八法院区的范围内巡回办案——他成了伊利诺伊州最倒霉的男人。

他下定决心忘却所有的政治纠纷，专心致力于自己的职业。他意识到自己没有工作方法，缺乏心智训练，于是他训练自己更严密地推理和论证命题。他买来一本几何学课本，巡回办案时也随身携带，以便随时学习。

赫恩登在他的书中写道：

> 在乡村小旅店里，我俩经常共睡一床。大多时候，床都太短了，林肯的长腿只能放在床外的踏脚板上，裸露在被子外面。他在床头一边摆了张椅子，上面点根蜡烛。我知道，他可以就着烛光看书至次日凌晨两点，而同房的我或其他人却酣然进入梦乡。在巡回办案中，他一口气学完了六本“欧氏几何”，并能从容阐释书中所有的命题。

掌握几何理论之后，林肯继续学习代数和天文，并就语言的起源和发展展开讨论。但还是莎士比亚最能引发他的兴致，杰克·凯尔索在新塞勒姆给予他的文学熏陶历久弥新。

极度忧郁是林肯此时直至生命结束最突出的性格特征，那是一种难以言表的忧郁。

当杰西·韦克帮助赫恩登整理不朽的传记时，他认为林肯的忧郁未免夸张。于是，他找到曾经与林肯有过经年接触的人进行详谈，其中包括斯图尔特、惠特尼、马西尼、斯威特和戴维斯法官。

韦克得到了肯定的证实:“没有见过林肯的人完全体会不到他的忧郁。”赫恩登的结论是:“即使在这二十年里林肯有过那么快乐的一天,但我也无从知晓。永恒的忧郁是他明显的特征。他走到哪里哀伤就紧跟他到哪里。”

巡回办案时,林肯往往与另外两三名律师同住一室。清晨,律师们都会被他的声响吵醒——他坐在床沿,口中语无伦次地喃喃自语。起床之后,他会点燃壁炉,呆坐着,目不转睛地盯着火苗好几个小时。有时候,他会冒出这句诗:“噢!死神为何如此骄傲?”

走到大街上的时候,陷入绝望的林肯,根本不理会和他打招呼的行人。有时候,他和人们握手,却不知对方姓甚名谁。

乔纳森·伯奇几乎是最艳羡林肯记忆力的人。他说:

> 在布卢明顿出庭时,林肯可以让听众在法庭、在办公室或大街上前仰后合地笑上一个小时,可是在以后的一个小时里,他却会陷入深深的沉思,没人敢打扰他……他坐在一张斜靠在墙边的椅子上,脚板踏在椅子底部的横档上,双腿缩起,双手环扣着膝盖,下巴紧贴其上。他的宽沿帽遮住了整个脑袋,眼里流露出无限的悲伤。我曾经见他就这样郁郁寡欢地坐上好几个小时,即使是最亲密朋友的招唤,他也全然不予理会。

参议员贝弗里奇恐怕是研究林肯生涯最不遗余力的人,他得出了这样的结论:自1849年至生命结束,林肯最突出的性格就是深不可测的忧伤,其深度是常人无法言表和估量的。

除了忧伤,幽默和讲述故事时的机智,也是林肯人格魅力中不可分割的显著特征之一。

有时候,戴维斯法官会宣布休庭,而去聆听林肯滔滔不绝的幽默。

“有两三百人在听他说笑。”赫恩登说。那会儿,他也在其中,疯笑了好几个小时。

有个亲历其中的人说,只要林肯讲到故事的精彩之处,众人便会欢呼,而他们屁股底下的椅子,也会随着他们身体的兴奋四处乱晃。

熟知林肯的人都认为,他那“深不可测的忧伤”是由这两件事情引起的:政治上的失意和婚姻上的悲剧。

令人心碎的岁月缓缓流逝。整整六年的时光,林肯在政途上被人遗忘。突然间,一件事情的发生,改变了林肯的整个人生,促使他向白宫迈进。

这一事件的导火索是玛丽·林肯的昔日情人,斯蒂芬·A. 道格拉斯。

13

1854年,林肯成就了一件大事,它是由《密苏里协议》的废除而引发的。《密苏里协议》的来龙去脉大致如此。1819年,密苏里州打算打着奉行奴隶制的旗号加入联邦。北方各州持反对意见,因而情势变得严峻起来。最终,当时的"能人"做出了这样的安排:南方如愿以偿——允许密苏里加入联邦;而北方也心满意足——密苏里北部边界以北和以西的任何地方都不允许有奴隶制的存在。

人们原以为这样就可以平息关于奴隶制的纷争。纷争确实停歇了一阵子;但是现在,三分之一世纪之后,斯蒂芬·A. 道格拉斯极力支持废除这一协议,这将导致密西西比以西相当于原有十三个州的地区都要实施奴隶制。为了废除协议,道格拉斯在国会一次又一次地进行辩争。辩论持续了好几个月。有一次在众议院的激辩中,议员们跳上桌子挥刀相向,有的甚至拔出手枪。最后,在道格拉斯的激情煽动下,议会于1854年3月4日通过了废除原有协议的动议。动议通过之前的那场辩论,从子夜一直持续至次日的拂晓。这一决议非常轰动。当时华盛顿城仍在酣睡,可信使们已经穿街过巷散发传单。人们在海军广场放起了礼炮,迎接新时代的来临——不过,这是个行将接受鲜血洗礼的时代。

道格拉斯为什么要这样做?无人知晓。历史学家们为此还在争论不休。不过,有一点我们可以肯定:道格拉斯希望在1856年当上总统。他知道《密苏里协议》的废除可以帮助他赢得南方的选票。

但是,北方又如何呢?

"我知道,地狱般的暴风雨马上就会在那里刮起。"道格拉斯说。

他说得对,暴风雨真的刮了起来。它将两大政党撕扯得七零八落,最终导致了内战的爆发。

在数百个城镇和村庄,自发的抗议集会此起彼伏。人们谴责斯蒂芬·A.道格拉斯是个"叛徒",说他是本尼迪克特·阿诺德的走狗,是现代的犹大。人们扔给他三十枚小硬币和一根绳子,说是叫他上吊自行了断得了。

教会方面立即卷入到了这场神圣的狂热斗争之中。在新英格兰,3050名神职人员"以伟大上帝的名义"去参议院表示抗议。如火如荼的对抗,更是给公众的义愤添上了一把旺火。在芝加哥,连民主党的报刊也起来倒戈道格拉斯。

国会在8月休会,于是道格拉斯准备返家。目睹眼前的一切,他清楚地知道自己之后的归途:从波士顿直至伊利诺伊,他都将被熊熊火光所"照耀"——人们将他的画像点燃,画像里他的脖子被自己吊起。

可他却对此采取藐视的态度,还大胆地宣布,他将在芝加哥发表演说。在他的家乡,对他的憎恨无处不在,简直到了仇恨的地步。报章攻击他,愤怒的牧师们再也不能容忍"他那背信弃义之恶气污染伊利诺伊州纯净的天空"。人们纷纷拥向五金商店,购买左轮手枪。太阳下山之时,全城已无手枪可售。他的政敌发誓:坚决不能让他活着从事臭名昭著的勾当。

道格拉斯抵达芝加哥时，靠岸的船只降下了半旗，好些教堂敲响了钟——人们以此哀悼自由的死亡。

道格拉斯发表演说的当晚,是芝加哥最炎热的时候。男人们木然地坐在椅子上也会大汗淋漓,女人们也热晕了,为了能在凉爽的沙土上躺一躺,人们挣扎着向湖边走去。马无法拉车,倒在大街上奄奄一息。

尽管炎热难忍，但成千上万激愤的男人却怀揣手枪拥向道格拉斯演讲之地。芝加哥没有任何一个大厅可以容纳如此汹涌的听众。人们只好临时搭起一个广场,可还是有数百人只能站在附近房子的阳台上或坐在屋顶上。

道格拉斯刚刚说出第一句话,人们便发出一阵吼声和嘘声。他继续说下去——或者说,至少他继续努力试着说下去——可听众们大吵大闹,以不堪入耳的臭骂讥讽他,唱歌羞辱他。

道格拉斯的同僚被激怒了,他们想给对方一顿狠揍。但道格拉斯请求他们冷静,他说他能驯服这帮暴徒。可他的努力只不过是徒劳。他谴责《芝加哥论坛报》,听众反倒高声欢呼拥护该报;他威胁说若是不让他演说,他将整晚都站在讲台上,这反倒引来八千个嗓子的齐唱:“我们今晚不回家,我们今晚不回家。”

这是个周六的晚上。忍受了四个小时的徒劳无功和辱骂后,道格拉斯最终朝着这帮刀枪相向、哄闹不止的“暴民”嚷道:“现在是星期天的早晨,我要去教堂了。你们去下地狱吧。”

他疲惫地走下讲台。这个小巨人平生第一次遭受羞辱而败下阵来。

次日的早报详细报道了这一切。在斯普林菲尔德,一位孤傲的中年丰腴妇人看到了报道,她得意地笑了。十五年前,她曾经梦想成为道格拉斯夫人。这些年来,她亲眼目睹着他平步青云,一步步迈向这个国家人人敬仰的最高权力机构,而她的丈夫却陷入羞辱、失败的深渊。她在内心深处,对此憎恨无比。

可是现在,高傲的道格拉斯末日将至。感激上帝!他的政党在自己所在的州四分五裂,而这恰恰是在大选之际!林肯的机遇来了——玛丽·林肯深知这一点。林肯必须挽回自1848年以来所失去的公众形象,他有机会在政治上东山再起,并有机会入选联邦参议院。确实,道格拉斯还有四年的任期。但是,在未来的几个月里,他的同僚就不得不为他的连任而奔波忙碌。

谁是道格拉斯的同僚?希尔兹,一个狂妄自大、冲动好斗的爱尔兰人。玛丽·林肯与希尔兹有过节。那是在1842年,主要是由于玛丽的一封措辞讥讽的亲笔信,导致希尔兹向林肯发起挑战并要求决斗。于是,这两个男人佩带骑剑,由各自的随从陪同来到密西西比河的一个沙洲,准备决一死战。由于最后关头朋友出面干涉,一场血战才得以制止。从此,希尔兹在政途扶摇直上,而林肯却每况愈下。

现在,林肯可以置之死地而后生了。如其所言,《密苏里协议》的废除"唤醒"了他,他再也无法保持沉默了。他下定决心,全力以赴地投入战斗。

于是,林肯开始着手准备。他在州图书馆一待就是好几个星期。他调查史实,掌握真相,对这段风暴时期议会里所激辩的议题进行分析研究。

10月3日,州集市在斯普林菲尔德开市,成百上千的农民拥进城里。庄稼汉带来了他们引以为豪的家猪、骏马、壮牛和玉米,妇女们则捧来了果冻、果酱、馅饼和腌制品。可所有这些都不是人们翘首以待的。好几个星期以前,人们就知道道格拉斯要在集市的首日进行演说，所以全州所有的政党头目都赶来聆听。

那天下午，道格拉斯的演说超过三个小时。他回顾了自己的政治历程，为自己的立场辩护，同时也攻击他人的观点。他极力否认自己试图“将奴隶制在某个地区合法化或废除”，他“要让当地民众自行决定”。

他说：“如果堪萨斯和内布拉斯加的人民有能力自主，他们肯定也有能力管理好少部分可怜的黑人。”

林肯坐在听众席的前方，对道格拉斯言语里的论点进行一一评判。演说一结束，林肯即宣布：“明天我要剥他的皮，将它挂在篱笆上。”

次日清晨，传单散落在城镇和集市的每一个角落。人人都得到了这一消息：林肯将反驳道格拉斯的言论。公众的兴趣骤浓，两点钟不到，演说大厅已经座无虚席。不一会儿，道格拉斯到场，在讲台席就坐。他一如既往地穿戴利索，两颊的胡子修饰得光洁油亮。

玛丽·林肯已经在听众席落座。早上出发之前，她把丈夫的大衣好好修整了一遍，换上了清洁的衣领，连带将领带也熨烫了。她焦急地等待丈夫以光彩的形象出现。但是，那天天气太热，林肯知道大厅的空气会很闷。于是，他扔下大衣，也没有穿坎肩、打领带，更没有套上衣领便大步流星地走上了讲台。这样一来，他的衬衫便在衣架般瘦削的身躯外面摇来晃去，细长、褐色的脖子裸露无遗，他显得更加骨瘦如柴。林肯的头发凌乱如麻，破烂的靴子沾满灰泥，他那又短又肥的裤子仅靠一根编织带胡乱吊着。

见到这幅景象，玛丽·林肯又羞又恼。她真是太失望了，几乎哭出声来。

那会儿，谁也不会想到未来的情形，但是我们现在知道，正是这位令其妻子感到耻辱的俭朴男人，在10月里一个炎热的下午，迈步走向其永垂不朽的事业。

那天下午的演说，是林肯一生中的第一次辉煌。如果将他之前所作的演说收集在书籍的第一卷，而将那天下午以及之后的放在第二卷，您几乎不能相信这两卷书是出自同一个作者。那天的林肯是一个全新的林肯——一个被错误的强权所深深激怒的林肯，一个为受压迫种族大声疾呼的林肯，一个被伦理道德的庄严所感动、所升华的林肯。

他回顾了奴隶制的历史，并且就其罪恶陈述了五大原因。

但是，他还是以极度容忍的态度宣布：

> 我对南方的人民没有一丁点儿的偏见。我们也有可能成为他们现今的状况。如果奴隶制过去不在他们中间存在，他们现在也不会去推行它。如果这一制度现在存在于我们中间，我们也不会立即将它废除。
>
> 南方的民众认为，我们和他们同样对奴隶制的起源负有不可推卸的责任，我承认这一事实。人们说这是存在着的体制，而且很难以任何令人满意的方式废除。我理解，也赞同这一说法。我绝对不会责备他们对此无动于衷，因为我自己也不知道该如何行动。哪怕是赋予我神力，我也不知道该如何处理现今的体制。

三个多小时以来，林肯一直都是大汗淋漓，他不停地反驳道格拉斯，揭露其诡辩和彻底的错误。

这是一场深刻的演说，它给听众留下了不可磨灭的印象。相比之下，道格拉斯则显得焦躁不安。他一次又一次地站起来打断林肯的演说。

选举在即，进步的年轻民主党员们开始攻击道格拉斯，拒绝投他一票。至清点伊利诺伊州选民选票之时，道格拉斯的民主党大势已去。

那时，参议员是由州议会选出的，为此，伊利诺伊州议会于1855年2月8日在斯普林菲尔德开会。林肯夫人特意买了新裙子和宽沿帽，而她的姐夫尼尼安·W.爱德华兹，则以参议员林肯的名义兴高采烈地准备了一场招待会。

在第一轮投票之后，林肯遥遥领先于其他候选人，并且在其后的六次投票中都保持不败。但是，之后他却屡屡失利。至第十轮投票之后，他输了。莱曼·W.特朗布尔当选。

莱曼·W.特朗布尔的妻子名叫朱莉娅·杰恩，是玛丽·林肯婚礼时的伴娘，可以说是林肯夫人最亲密无间的朋友。那天下午，在议会大厅里，玛丽和朱莉娅并肩就坐，观看激动人心的选举。当宣布朱莉娅丈夫胜出之时，林肯夫人怒气冲天地走出了大厅。她气恼和嫉妒至极，从那天开始直至生命结束，她再也没有和朱莉娅·特朗布尔说过一句话。

怀着忧伤、沮丧的心情，林肯回到他那脏兮兮的法律事务所。墙上还是沾着斑斑墨迹，书架顶部的灰垢里花籽在抽芽。

一周之后，他牵出“老公羊”马车，再一次巡回在崎岖的荒原中，从一个县法院大楼到另一个县法院大楼，忙碌奔波。但是，他的心再也没能放在法律事务上，他心里装着的只有政治和奴隶制。他说，一想到成千上万的民众在遭受压迫，他便悲痛不已。他的忧郁症又复发了，且病患得更长、更严重。

一天晚上，他和另一名律师在乡间旅馆共睡一床。拂晓时分，这位律师发现，林肯穿着睡衣坐在床边念念有词，神情沮丧，心不在焉。他终于开口了，说的第一句话就是："我告诉你，这个国家不能长期容忍一半黑人得到自由而另一半沦为奴隶的状态。"

这事之后不久，斯普林菲尔德的一名黑人妇女向林肯讲述了一个凄惨的故事。妇人的儿子去了圣路易斯，在密西西比河的一艘蒸汽船上干活。船开到新奥尔良的时候，妇人的儿子被送进了监狱。出生的时候他是自由人，但他没有证明文件。船开走了，可他还被关在狱中。他很快就会被白人以奴隶的身份售卖，以此支付狱中的开销。

林肯向伊利诺伊州州长禀告此事。州长回答说，他无权、也没有能力干涉这件事。林肯又去信给路易斯安那州州长，可这位州长也说无能为力。于是，林肯第二次求见伊利诺伊州州长，极力说服他采取行动，但州长只是一个劲儿地摇头。

林肯从椅子上跳起来，以非同寻常的口气强调说："州长，或许您没有能力让这名可怜的男孩恢复自由，但是，我以上帝的名义，决意不能让奴隶主在这个国家灼热的领土上立足。"

此事之后的次年，林肯四十六岁，他向朋友惠特尼吐露说，自己"或许"得戴眼镜了。于是，他来到一间珠宝商店，以 37.5 美分购买了第一副眼镜。

14

时至1858年的夏季，亚伯拉罕·林肯正准备着其人生的首次冲刺。他将走出偏僻的小镇，投入到美国历史上最著名的政治斗争之中。

他当时已近四十九岁。在这些年的沉浮中，他成就了些什么？

在生意上，他是个失败者。

在婚姻中，他蒙受凄凉和不幸。

在法律事务方面，他相当地成功，每年有3000美元的进账。但是，在政途上和心灵深处的渴求中，他屡屡遭遇失利和沮丧。

他坦诚地说："对于我来说，抱负在人生的竞技场上已经败下阵来，我是个彻底的失败者。"

可是，从今天开始，事态却以一种奇特的、令人晕眩的速度向前发展。七年之后，他将与世长辞。可是在这七年时间里，他所取得的成就和所获得的名声却是万世流芳。

他的竞争对手是斯蒂芬·A.道格拉斯。道格拉斯此时已是国人的偶像。事实上，他在全球都赫赫有名。

《密苏里协议》废除之后的四年时间里，道格拉斯的名声得到令人惊讶的恢复。他在一场戏剧性壮观的政治斗争中让自己重振旗鼓。事情的经过是这样的。

堪萨斯州要求以实施奴隶制为条件加入联邦，但未能如愿。道格拉斯说“不”，因为其议会名不副实，其成员都是靠诈骗和枪杆恐吓威逼而当选的。堪萨斯州有过半数的男人——有权利投票的人——从未登记为选民，因而也无从参选。但是，居住在密苏里州西部支持奴隶制的民主党人却足足有五千人。他们压根就没有权利在堪萨斯州投票，但却跑到联邦政府的军火库配备全副武装，为这一奴隶制的决议鼓乐喧天地摇旗呐喊。这十足就是一场闹剧，是对正义的歪曲。

那么，那些没有实施奴隶制的州府如何反应呢？人们已经摩拳擦掌，把手枪擦得寒光闪闪，步枪也被机油抹得簇新。为了练习枪法，他们在树上和谷仓的门洞里拴上枪靶；他们操练、行军、喝酒；他们挖战壕，竖胸墙，将酒店修整成碉堡。如果不能以投票的方式赢取正义，他们就以枪弹来夺取！

几乎在北方的每一座城镇和村庄里，职业演说家们向市民就堪萨斯州的情形发表高见，他们的礼帽在人群中传递：为堪萨斯而战所筹集的捐款不断增加。亨利·沃德·比彻在布鲁克林演说时击掌表态说，在拯救堪萨斯的斗争中，枪炮远比《圣经》管用。从此，人们就把夏普家出产的步枪称为“比彻的《圣经》”。它们被贴上“圣经”、“陶器”、“修正法规”的标签，一箱箱、一桶桶地从西部运出。

此时，五名获得自由的黑人被杀。一位老牧羊人——靠种植葡萄酿酒为生的虔诚教徒——在堪萨斯平原揭竿而起：“我别无选择。我应该给那些支持奴隶制的人们一点颜色瞧瞧，这是上帝的旨意。”

此人名叫约翰·布朗,居住在奥萨沃托米。

5月里的一个夜晚,他打开《圣经》,向家人朗读其中的“诗篇”,之后,全体家人跪下祈祷。吟唱完赞美诗后,布朗和他的四个儿子以及一个女婿,骑上快马越过大草原来到一座木屋前——这家人支持奴隶制。他们将男主人及其两个儿子拽出屋外,砍断他们的手臂,用斧头劈裂他们的头颅。拂晓之前下了场雨,雨水弄得颅内的脑浆四溢横流。

从此,双方之间的杀戮时有发生,史书上称之为“流血的堪萨斯”。

现在,斯蒂芬·A.道格拉斯明白了,伪议会的污迹根本得不到洗涤和净化。

于是,道格拉斯要求,堪萨斯人民应以诚实与平和的方式就是否实行奴隶制举行公决。

他的要求是正当的。但是,美国总统詹姆斯·布坎南——奴隶制的支持者、目空一切的政客——却无法容忍这样的安排。

于是,布坎南和道格拉斯争执不休。

总统威胁要将道格拉斯送进政治的屠宰场。道格拉斯则反击道:“先生,我曾经以上帝的名义挑选詹姆斯·布坎南担任总统,我同样可以以上帝的名义让詹姆斯·布坎南下台。”

这不仅仅是道格拉斯的一番恐吓,他还将历史作了一段改写。彼时,奴隶制在政治舞台上已经登峰造极;但是,自打总统与道格拉斯这场争执之后,其势头却迅猛下跌。

接下来的战役是承上启下的,因为道格拉斯将民主党拖进四分五裂的深渊,直接导致了1860年其政党灾难性的失利,而这又使得林肯的当选不仅可能而且不可避免。

道格拉斯将自身的政治前程赌注压在自己的信念之上，也压在北方每一位民众的信念之上——这是一场无私的、光明的战斗。伊利诺伊州的人民将为此而爱戴他。现在，这位国人的偶像，又回到了自己的家乡。

芝加哥还是芝加哥。1854年，当道格拉斯进入这座城市时，旗帜半垂，教堂警钟长鸣；而今，芝加哥人民派出一列特殊的火车护卫他返家。火车上鼓号喧天，接待的人马成群。一到埠，一百五十响礼炮在迪尔伯恩公园的上空轰然炸响，成百的男人争相与他握手，上千妇女向他献花。人们将自己的长子命名为斯蒂芬。可以毫不夸张地说，有些狂热追随者就是为一睹道格拉斯的尊容，而被踩死在了临时搭台之下。甚至在他离世四十年之后，人们仍旧自诩为“道格拉斯民主党人”。

道格拉斯辉煌返家数日之后，伊利诺伊民众准备选举一名联邦参议员。民主党人当然提名道格拉斯，而谁将代表共和党与之抗衡？还是那位鲜为人知的林肯。

在之后的战役中，林肯和道格拉斯针锋相对，而这些激辩使得林肯名声大噪。他们在辩论中极尽煽情之能事，公众的狂热达到了白热化的顶点。历史上从未有过如此之众奔涌而至倾听演说。没有足够宽敞的大厅，因此集会只能安排在下午，在树丛中或在郊外的原野里召开。记者们紧紧相随，报刊之间展开凌厉的攻势，两位演说者很快就拥有了他们各自的听众和支持者。

两年之后，林肯入主白宫。

这些激辩为他铺路，让他成名。

选举前的数月，林肯便投入了准备。思想、观念以及片言只语一旦在脑海里浮现，他便会记录下来——在信封的背面、在报刊的天头和地脚、在纸袋的空白处。他将这些纸片塞进高高的丝绒礼帽里，无论去哪里，他都能将它们带上。最后，他会将它们重新抄写一遍。他一边抄写，一边朗读每一个句子，从而进行不断的修改和完善。

演讲初稿完成了。有一天晚上，林肯邀上几位亲密朋友去州府图书馆。在那里，在紧锁的门房背后，他朗读自己的讲稿。每每读至段尾，他都会稍作停顿，请求点评。讲稿中的这些语言后来闻名于世：

“从自身分裂的房子终究会崩溃。”

“我坚信政府不可能永远忍受一半黑人自由、另一半遭受蹂躏的状态。”

“我不希望联邦解体——我不希望房子垮掉——但我真的希望她停止分裂。”

“或许，她将团结成一个整体；或许，她将四分五裂，永远分道扬镳。”

越往下听，朋友们越感觉惊讶和警醒，这太激进了。他们认为，这些简直就是“胡言乱语”，必定会将支持者吓走。

林肯缓缓地站起来，向朋友解释演说的主题思想。他认为，“从自身分裂的房子终究会崩溃”是全人类的真理。

林肯说：“这是六千年来验证的真理。我需要某个家喻户晓的人物，以简练的语言，唤起人类对这一危险时刻的认识。这一时刻已经来临，真理必须有人说出，我的决心和誓言不容更改。如果有必要，我愿意为捍卫真理而死。如果因为此次演说我不得不下地狱，那就让我和真理一起下去吧！让我为正义的倡议而死！”

第一场伟大的辩论，于8月21日在距离芝加哥城七十五英里的渥太华镇的一个小农场里举行。辩论的前夜便有人群蜂拥而至。酒店、私宅以及马房人满为患，篝火在悬崖和低洼地连绵近一英里，整个乡镇仿佛被入侵的敌军所包围，水泄不通。

黎明前，人潮再次涌现。清晨，太阳在伊利诺伊大草原升起，照耀着乡间小道上的每一个角落。道路上塞满了马车、行人，甚至马背上也坐着男男女女。有好几个星期没有下雨了，天气炎热，漫天的尘土，飞扬在玉米地和草地的上空。

正午，从芝加哥开来了一趟专列，足足有十七个车厢；车厢内座无虚席，连过道上都塞满了人，有些焦急的旅客干脆坐在车顶上。

方圆四十英里以内的乡镇，都带来了自己的乐队。随着咚咚的鼓声和嘟嘟的号角声，民兵巡游在大街上。江湖医生们为了出售止痛药，在做着免费的耍蛇表演；杂耍艺人纷纷使出浑身解数，在大厅前献艺；乞丐们、妓女们也在招揽生意。爆竹炸响，礼炮轰鸣，马被吓得纷纷逃逸。

声名显赫的道格拉斯，坐在一辆精致的马车里，由六匹白马拉着穿越各镇的大街小巷。每到一处，人群中便会发出经久不息的高呼。

为了表达对这种优雅排场的不屑一顾，林肯的支持者们，让林肯坐在装运干草的老朽大车里，拉车的是一队白色骡子。另一辆干草车紧随其后，三十二名姑娘在车里并排就坐。每一位姑娘都以一个州名命名，一条巨幅标语悬挂其上：

帝国之星向西部迈进。

紧随林肯的姑娘们仿如母亲追随着大地。

演说者们、委员会成员们，以及记者们，需要花上足足半个小时左冲右突，才能挤出密集的人群来到演讲台前。

人们搭起一个原木遮阳篷，以抵挡灼热的阳光。一群男人爬上篷顶，结果篷子不堪重负而轰然倒塌，木板摔在了道格拉斯选举委员会的地盘上。

无论从哪一方面而言，两位演说者都大相径庭。

道格拉斯身高五英尺四英寸，林肯六英尺四英寸。

道格拉斯文雅，林肯笨拙。

道格拉斯独具个人魅力，是大众的偶像；林肯神色忧郁，菜色的脸庞皱纹满布，毫无吸引力可言。

道格拉斯身着褶边衬衣、深蓝色外套和白色长裤，头戴宽沿礼帽，俨然一副南方富有的种植园主形象；而林肯的外表却粗鲁怪异，他那锈色斑斑的黑色外套，袖子奇短，走形的裤子也短得可怜，烟筒般的礼帽因饱经风霜而肮脏无比。道格拉斯没有一丁点儿幽默感，但林肯却是世上最优秀的故事讲述者之一。

无论走到哪里，道格拉斯都只会重复其措辞，而林肯却能随心所欲地表达思想。他每一天都要更新演说的表达方式，除非他觉得以往的措辞比新的讲稿要好。

道格拉斯爱慕虚荣，追求华丽，喜好大吹大擂。他乘坐的火车旗帜招展，车尾的每一节车厢上都安置有一铜质礼炮台。他每到一处，礼炮的轰鸣便会此起彼伏，以此告示当地人，伟人已经来到了他们的家门口。

林肯如何呢?他讨厌那些“装腔作势”,他只坐日间马车和运货火车。外出旅行时，他只拎一只地毯布料织就的破袋子，外带一把绿色的棉布雨伞——伞柄已经不见了,只好用一根绳子将伞叶在中间绑起,以免散开。

道格拉斯是个机会主义者,如林肯所言,他“没有确定的政治道德”。赢,就是他的目标。但是,林肯此刻是为伟大的真理而战,只要正义能最终胜出,输赢对他来说都是小事。

林肯说:“我向来充满抱负,为了不让抱负破灭,上帝应该知道我的祈祷有多么地虔诚。我很看重政治荣誉。如果《密苏里协议》能够保留至今天,并且在不产生敌意的原则上,如果整个奴隶制的问题能够‘容忍’其在某地存在的必要，我个人会乐意让道格拉斯法官永远不出局，而我也永远不入局——无论是我俩同时在世,还是其中一人在世的时候。无论是道格拉斯法官,还是我本人,入选联邦参议院的意义没有任何差异;但是,我们今天提交与您的伟大议案,绝非个人利益和政治前程所能比拟。当道格拉斯法官和我本人在坟墓里无法言语之时,这议案却能熠熠发光,永垂不朽。”

在辩论中,道格拉斯强调:如果任何一个州的公民选择了奴隶制,那么这个州在任何时期都有权保留奴隶制。他还说,他并不在意人民是投票否决他还是支持他。他有一个著名的口号:“让各州自扫门前雪，别管他州瓦上霜。”

林肯的立场却截然相反。

“道格拉斯法官认为奴隶制是正当的,”他解释道,“而我却认为它是不义的,这正是我们争论的焦点。”

道格拉斯法官辩解说,任何一个愿意实施奴隶制的社会团体,都有权利享有这一制度。如果这是正义之举,人们就享有实施这一制度的权利;如果这是不义之举,他不能说人民有干坏事的权利。

至于政府是否实施奴隶制、是否让奴隶得到自由和解放,道格拉斯并不在乎,这就正如他并不在乎隔壁邻居是否在农场里种植烟草一样。但是,广大人民群众与道格拉斯法官的观点是相左的,他们认为奴隶制在道德上是完全错误的。

林肯主张给予黑人社会平等,但道格拉斯反对。为此,道格拉斯一次又一次地在州府叫嚷,上蹿下跳。

林肯反驳道:“我为黑人呼吁的是,如果你不喜欢他,就别干涉他。如果上帝只赋予他那么一点点自由,那就给他去享有那么一点点自由的权利。在许多方面,他与我不可等同,但他有权享有‘生命、自由和追求幸福’,他有权将亲手所挣的面包放进自己的嘴里。在这方面,他和我一样,和道格拉斯法官一样,和每一位在座的人一样。”

一次又一次地,道格拉斯谴责林肯企图让白人“拥抱黑人,与黑人通婚”。

一次又一次地,林肯被迫否认:“我反对这样的选择——就因为我不愿意黑人妇女成为奴隶,我就必须娶她为妻。在我生命的五十年里,我从没有让哪一名黑人妇女成为奴隶,也没有让她成为我的妻子。很多白种男人与白种女人结婚,也有很多黑种男人与黑种女人结婚。看在上帝的分上,就让他们结婚吧。”

道格拉斯试图躲避该议题。林肯认为他的论点站不住脚,简直就是“一锅由快要饿死的鸽子的影子熬成的汤”。他在“玩文字游戏,通过它,一个人可以将七叶树变成栗色马”。①

林肯继续说道:“他的辩论里毫无观点可言,却还要我作答,这很无聊。”

道格拉斯说事情的真相并非如此。他知道他们有错,但林肯也有错。

林肯回应道:“如果一个人站起来宣称,并且一次又一次地宣称,二加二不等于四,我知道什么也改变不了他的观点。我不能压制言论自由,我不能让对方的嘴闭上。我不愿意称呼道格拉斯法官为骗子,但是细想之下,我还真不知该如何称呼他。”

周而复始,争斗就这样延续着。日复一日,林肯不断发起进攻。其他人也参与进争辩之中。莱曼·特朗布尔称道格拉斯为骗子,其行径是人类最厚颜无耻的,他为此感到羞愧。著名的黑人演说者弗雷德里克·道格拉斯,也赶往伊利诺伊州加入反击的行列。民主党人在谴责声中怒气冲天。激进的德裔美国改革家卡尔·舒尔茨,也在海外选民前历数道格拉斯的不是。而共和党的报刊,则在头版以触目惊心的标题称道格拉斯为“造假者”。由于其政党内部四分五裂,道格拉斯处处受到逼迫、围攻。绝望之中,他电告朋友厄舍·F.林德说:“地狱之狗在追逼着我,看在上帝的分上,林德,来帮我一把。”

发报员将电文复制,传给共和党人,共和党人则将电文在一些报刊中以头版头条刊出。

道格拉斯的政敌欣喜若狂。从那一天起，电报的接收人林德便被称为“看在上帝分上的林德”。

选举的当晚,林肯待在电报室阅读回执。眼见自己落败,他开始往家走。

① a horse-chestnut, 七叶树;a chestnut horse, 栗色马。——译者注

天下着雨，外面漆黑闷热。回家的小道又滑又烂。突然间，一只脚打滑绊到了另一只脚，但是他很快又恢复了身体的平衡。“只是滑了一下，”他说，“这不是摔跤。”

之后不久，他在伊利诺伊州一份报刊里读到一篇有关他的评论：

> 令人尊敬的阿贝·林肯，无疑是伊利诺伊州最不幸的政客。从政治意义上来看，他所从事的每一件事似乎都注定失败。其政治规划常常是委曲求全，这无疑将摧毁其前程。

曾经蜂拥前往聆听林肯与道格拉斯争辩的民众鼓励林肯通过演说赚些小钱，于是他准备就“发现和发明”进行演说。他在布卢明顿租了个场地，叫一位年轻的女士在门口卖票，可是没有人前往倾听。一个人都没有！

又一次，他回到那脏兮兮的办公室。墙上的墨迹依旧，书架上的花籽仍在抽芽。

该是回去的时候了。他已经半年没有办过案子，没有赚到一分钱。现在他身无分文，甚至没法付清在肉店和杂货店里的赊账。

于是，林肯不得不又驾起破烂的马车，又一次开始了在大草原上巡回办案的旅程。

时值 11 月，寒意逼近。在林肯的头顶，野鹅在灰暗的上空高声鸣叫、向南飞去。兔子四窜，狼在树林里哀嚎。但是，坐在破烂马车里忧郁的男人，既听不见也看不见这周围的一切。一个小时又一个小时，林肯任由马车拉着他向前行进。他的下巴深埋在胸前，神情颓废、绝望。

15

1860年春季，新组建的共和党在芝加哥集会，讨论提名竞选总统的候选人。谁也未曾想到，亚伯拉罕·林肯的机遇来了。之前不久，他去信一家报社的编辑，坦白地说他认为自己不适合当总统。

当年，人们普遍认为，这一提名的荣誉应该归属于英俊的纽约人威廉·H.苏厄德。这是毫无疑问的。因为在代表团所乘坐的前往芝加哥的火车上，人们已经进行过民意测验，苏厄德的得票是所有候选人票数总和的两倍。在好多车厢里，亚伯拉罕·林肯的得票为零。很有可能，代表团中有些人根本就不知道有这么一个人存在。

集会那天正好是苏厄德五十九岁的生日。多凑巧！他确信自己能够获得提名——这是他的生日礼物。他相当地自信，并已向参议院同事道别，还邀请了亲密好友在纽约州奥本市的家中举行盛宴。他已租来礼炮，并拉到了家门前。只要激动人心的消息一公布，礼炮便可以在空中作响。

如果投票是在星期二晚上进行，那么为苏厄德庆贺的礼炮本是可以轰鸣的，而国家的历史也会因此而改写。但是，选举无法如期进行，因为印刷工人未将用做记录的纸张送达。或许，在前往集会的途中，工人停下来喝了杯啤酒。不管如何，工人就是迟到了，弄得当晚会议室里的人们无事可做，只有干等。

大厅里蚊子肆虐，空气又闷又热，代表们又饥又渴，有人已经开始离席，所以会议延至次日早上十点开始。会议延期的动议是符合规程的，它是所有动议中最优先考虑的，也很普遍。此次动议带来了热情的消退。

十七个小时之后，会议再次召开。这并非一段漫长的时光，但却足以摧毁苏厄德的事业，而成就林肯的前程。

其中的关键人物是霍勒斯·格里利，一个傲慢的男人。他的脑袋如棒球般浑圆，头发又薄又稀，头顶光滑得如患白化病的皮肤一般。他那绳索般细长的领带常常戴得东歪西斜，而领结则左倾得几乎贴近左耳的下方。

格里利并没有提名林肯，但是他下定决心要清算自己与威廉·H.苏厄德及其经理人瑟洛·威德之间的旧账，那是他心底里所有的痛。

事情的原由是这样的。十四年来，格里利都在和这两个男人并肩战斗。他帮助苏厄德成为纽约州州长，继而成为国会议员；他还不遗余力地协助威德在政治舞台上保持霸主地位。

但是，格里利从中又得到了什么？除了被人遗忘，什么也没得到。他想成为州府印刷承包商，可位置却被威德占据。他渴望成为纽约市的邮政局长，可威德不愿意举荐他。他梦想成为州长，哪怕是副州长，但威德却说“不行”，那是一种令人心痛的回绝语调。

终于，格里利忍无可忍，他坐下来给苏厄德写了封尖酸刻薄的长信。信足有七页纸，字里行间充满着痛苦和焦灼。

信是在1854年11月11日、星期六晚上写就的……而现在是1860年。

为了报复,格里利足足等了六年,时机终于来临,但这报复必须得淋漓尽致。在那个关键的星期四晚上,当共和党人提名集会在芝加哥休会的时候,他一个晚上都没有合眼。从太阳下山一直到拂晓之后的大段时间里,他穿梭于各个代表团之间,不断地理论、争辩和请求。他的报纸《纽约论坛报》在整个北方传阅,并且史无前例地左右了民众的舆论。他是名人,无论他在哪里出现,他的声音都会与之同行,代表们总是怀着钦佩的心情聆听他的演说。

为了对抗苏厄德,格里利发起了各式各样的辩论。他指出:苏厄德屡次谴责共济会的法令,也正因此,苏厄德才于 1830 年当选为参议员。但结果是,民间怨声载道,仇恨加剧。之后,苏厄德当选纽约州州长,他支持解散公立学校免费基金,却为外国人和天主教徒创建独立的学校,这无异于又捅了一个大马蜂窝,各界人士之间的仇恨进一步被激化。

格里利说,曾经为那个一无是处的政党卖力的人们,现在极力反对苏厄德,他宁愿支持一只猎狗,也不会再投苏厄德一票。

格里利还说,这名"狡猾的吹鼓手"太激进,他的那个"血腥计划"以及高于宪法的法律的言论,让周边各州的人民感到恐惧,他们不会支持他的。

格里利还许诺道:"我会将各州的州长候选人带到你们的跟前, 他们会证实我所说的一切。"

他真的这样做了。骚动越演越烈。宾夕法尼亚州和印第安纳州的州长候选人眼睛冒火,他们双拳紧握地宣称,提名苏厄德就意味着无可避免的失败和灾难。

而共和党人则意识到, 他们必须支持这几个州的人民——如果想赢取这场选举的话。

于是一夜之间，支持苏厄德的洪流开始退却。而林肯的朋友们，则在各个代表团之间奔忙，试图说服那些反对苏厄德的人将目光聚焦在林肯身上。他们认为，民主党人一定会提名道格拉斯，而对付道格拉斯的最佳人选就是林肯。对他来说，这只不过是老生常谈，他已经应对自如。再者，肯塔基是林肯的原籍地，因而他还可以在肯塔基周边各州赢得选票。另外，林肯符合西北部地区人民心目中候选人的要求：一个靠劈柴砍树起家的人，一个理解普罗大众的人。

当这些理据不起作用的时候，林肯的朋友们便启用其他的招数：他们许诺让凯莱布·B.史密斯在内阁中占有一席，从而赢得了印第安纳州代表团的支持；他们保证让西蒙·卡梅伦做林肯的得力助手，由此又赢取了宾夕法尼亚州的五十六张选票。

星期五上午，无记名投票开始。四万民众欢呼雀跃着奔向芝加哥；一万人挤进了会议大厅，其余三万人则将街道挤得水泄不通。

在第一轮投票中苏厄德领先。第二轮，宾夕法尼亚的五十二张选票投向了林肯，平局开始出现。第三轮，选票朝林肯一边倒。

大厅里，过半的民众欣喜若狂，他们跳上座椅叫嚷着、欢呼着，相互搓揉着对方的帽子。屋顶上方响起了轰轰的炮声，街上三万民众发出统一的欢呼声。

人们相拥而泣、大笑、狂叫，继而再四处狂舞。

在特雷蒙特大楼，伴随着千响银铃，一百枚礼炮烈焰四溢。汽笛的长鸣回响在铁道上，在渡轮里，在厂矿中。

疯狂与喧嚣足足持续了二十四个小时。

《芝加哥论坛报》认为:“这是自耶利哥古城墙倒塌以来所听到的最猛烈的声浪。”

在欢庆中,霍勒斯·格里利看见昔日的“总统制造者”瑟洛·威德在一旁垂泪,表情沉痛。格里利的报复终于有了满意的结果。

与此同时,斯普林菲尔德那边的情况如何呢?那天早上,林肯如常地前往办公室着手办案。但是,他心神不宁,无法集中精神。待不到一会儿,他只得将文件搁置一边,出去放松一下。在一个店铺的后院投掷了一会儿皮球,接着又玩了一两场台球,最后去斯普林菲尔德日报社打探消息。电信办事处占据了报社的整栋房子。林肯坐在一张大大的扶手椅子上,和旁人讨论第二轮选举的局势。突然间,电报员大声喊道:“林肯先生,您被提名了!您被提名了!”

林肯的下唇轻微地抖动了一下,脸色渐红。在好几秒钟的时间里,他的呼吸都停了下来。

这是他一生中最重大的时刻。

经历了整整十九年的孤寂与失败,突然间,他攀上了山重水复的顶峰,令人晕眩的顶峰!

人们拥向街头,奔走相告这一消息。镇长下令点燃一百响礼炮。

一群又一群的老朋友簇拥着林肯,和他握手以表祝贺。他们疯狂地叫呀、笑呀、哭呀,人们将礼帽抛向空中……

“对不起,伙计们,”林肯请求道,“在第八街有个妇人在等待着这个好消息。”

他向着第八街奔去,上衣的后摆利索地抖动着。

整整一个晚上,斯普林菲尔德的街道都弥漫着玫瑰红色,因为人们用柏油桶和木条燃起了堆堆篝火;酒馆通宵营业。

不久之后,半数的国民都在齐声高唱:

老阿贝·林肯来自荒原,走出荒原;
老阿贝·林肯来自荒原,迈向伊利诺伊。

16

可以说，对于林肯入主白宫的贡献，斯蒂芬·A.道格拉斯较其他任何人都要大。因为他将民主党弄得四分五裂，导致民主党内有三个候选人与林肯抗衡，其力量与一对一的力量相比要薄弱得多。

由于反对党的内部分裂，林肯意识到，自己在竞争的早期便可以胜出；但是，他也担心自己不可能在家乡的选区胜出。于是，竞选委员会挨家挨户地进行游说和详细调查，以便及早知悉斯普林菲尔德的选举形势。当林肯得知调查结果时，他惊呆了——全镇二十三名牧师和神学学生中只有三人支持他。林肯痛苦地说道："他们只不过是假心假意地信仰基督。他们的选举意向表明，他们并不在乎奴隶制是否该废除。但是，我知道上帝在乎，人性的博爱在乎。如果他们不在乎，那么他们一定是没有好好地理解《圣经》。"

令人吃惊的是，林肯父母方面的所有亲戚，只有一人投票支持他。为什么？因为他们全都是民主党人。

只有一小部分国人支持林肯。他与对手的选票之比大约为二比三。这是一个阶层的胜利，因为在林肯的二百万张选票中，只有二万四千张来自南方。只要有二十分之一的选票变卦，那么道格拉斯就可以掌控西北部，选举也就会被抛向众议院,在那里南方必胜无疑。

在南方的九个州中,没有任何人将选票投给共和党。想想看,在亚拉巴马,在阿肯色,在佛罗里达,在乔治亚,在路易斯安那,在密西西比,在北卡罗来纳,在田纳西和得克萨斯,没有一个人给林肯投上一票。这是个不祥的预兆。

让我们回顾一下北方的一次旋风行动,以充分了解林肯当选总统之后所发生的一切。三十年来,有那么一帮人,一直满怀着摧毁奴隶制的神圣热望,时刻准备着在这个国度发起一场战争。在此期间,他们不间断地发行讽刺性的小册子和充满火药味的书籍。他们雇请演说者,去北方的每一座城镇和村庄演讲,向人们展示奴隶们褴褛不堪的衣裳、沉重的手铐和枷锁,以及血迹斑斑的皮鞭、衣领上的尖钉。他们还安排逃出魔掌的奴隶巡游各地,向人们诉说所见所闻,以及所忍受的侮辱和暴行。

1839 年,美国反对奴隶制团体发行了一本小册子,名为《现实中的美国奴隶制——1000 个目击证据》。在这本小册子里,目击证人详细地描述了他们所亲眼见到的酷行:奴隶们不得不将自己的双手插进滚烫的开水中;人们用烧红了的铁块在奴隶身上烙印;奴隶的牙齿被打掉,身体任由刀割,皮肤任由猎狗撕裂;他们被火烧、被鞭抽至死。撕心裂肺的母亲不得不出卖自己的孩子,与他们永远分离。无法再生育孩子的女奴被鞭笞。身强力壮的白种男人与黑奴交合还可以得到 25 美元,因为肤色淡黑的孩子可以卖个好价钱,尤其是女孩。

废奴主义者最为不满的就是黑白混种,他们指控南部的男人放肆,无法无天。

温德尔·菲利普斯说:“南方是个巨大的窑子,近五十万的女人都跑到那里去卖淫。”

令人作呕的淫荡故事,当时就跃然于废奴运动的小册子上,当然现在是不可能重印了。奴隶主强奸其与黑奴所生的女儿,继而又将女儿卖给其他男人当情妇。

斯蒂芬·S.福斯特宣称,在南方的卫理公会教会,有五万名女性黑奴在鞭子的逼迫下过着卖淫的生活。他认为,当地牧师想把女奴作为情妇据为己有,这是他们推崇奴隶制的唯一理由。

在与道格拉斯的激辩中,林肯指出:1850 年,美国黑、白种人的混血儿第一代多达 405,751 人，而他们几乎全都是黑女奴与其白种男主人交合的产物。

由于宪法保障奴隶主的权利,因而废奴主义者们将之诅咒为“死亡的盟约、地狱的协定”。

一位贫困潦倒的神学教授的夫人，在其餐桌上写下了《汤姆叔叔的小屋》一书,这是废奴运动文学潮流的顶点。夫人是含泪写就此书的,其愤怒、哀怨之情充满书中的字里行间。她在书的末尾写道:“是上帝写就了这一本书。”此书极具震撼力,在成千上万的读者心中产生了巨大影响,因为它首次揭露了奴隶制的悲惨状况。

当人们介绍林肯与此书的作者哈丽雅特·比彻·斯托相识之时，林肯称赞她这位小小的妇人引发了一场巨大的战争。

那么,由北方废奴主义者发起的这场善意但疯狂的运动的结果如何呢?这场运动是否向人们证实了南方人的行为是错误的呢?结果远非如此。其影响力超乎了人们的期待:废奴主义者所挑拨起的仇恨,回报在了他们自己身上。南方人意欲从这个国家中脱离出去。真理往往是不会在政治或激情中存在的,流血的悲剧的种子已经在“梅森—狄克逊线”的两侧生根发芽。

1860年,林肯当选“黑色的共和党”党魁。这时,南方人更加明白,奴隶制的末日即将来临,他们必须立即选择是废除奴隶制,还是从联邦政府中脱离出来。为什么不脱离联邦?难道他们没有这样的权利?

这个问题已经前前后后讨论了近半个世纪,而好些州也不止一次威胁说要脱离联邦。例如在1812年的那场战争中,新英格兰州就曾认真考虑过独立;而康涅狄格州议会也曾通过一项决议,宣称该州“享有自由和独立的主权”。

甚至林肯本人也曾认为,南方各州有权从联邦政府中脱离。他在国会的一次演说中提到,“任何地区的人民都有力量和权利支持或推翻现存的政府,建立一个更符合他们实际的政府。这是个神圣而无价的权利——只要拥有这一权利,我们就可以解放全人类。这一权利并非仅仅局限于现存政府的人民手中。任何地区的人民都有能力、也可以对他们所居住的领土主权作出决定。”

这是他在1848年所持有的观点。然而,此时已是1860年,他再也无法坚信以上观点。可是,南方人的观点依然未变。林肯当选六周之后,南卡罗来纳州就通过了脱离联邦政府的动议。查尔斯顿的人民走向街头,以音乐、舞蹈、焰火庆贺新“独立宣言”的诞生。其他六个州也以最快的速度紧随其后发表独立宣言。就在林肯离开斯普林菲尔德前往华盛顿的两天前,杰斐逊·戴维斯当选为一个新独立国家的总统,而这个国家宣称:“奴隶制是黑奴与生俱来的正常情况，是千真万确的事实。”

由于布坎南即将卸任，其内阁成员的忠诚度锐减，内阁里千疮百孔，布坎南根本无力阻止南方各州的独立行动。因此，林肯只有在斯普林菲尔德坐等三个月，眼见联邦政府的分崩离析和共和党的摇摇欲坠而束手无策。他知道南部邦联在招兵买马。他意识到，自己必须率领民众进行一场内战，一场痛苦而血腥的内战。

他辗转反侧，彻夜难眠。为此，他的体重足足轻了四十磅。

林肯是个非常迷信的人，他认为夜梦和预兆能够预示以后所发生的一切。1860 年，在他当选总统之后的那天下午，他回到家中，一头栽在沙发里。在他的对面，衣柜的镜子不停地左右晃动着，所以只要朝镜子看去，他就可以看见自己有两个头的身躯，其中的一张脸惨白无比。林肯惊呆了，他立即站了起来，幻影立即消失。可当他一旦重新坐下，那鬼影又来了，而且比先前的更可怕。这件事让林肯焦躁不安。他与夫人谈及此事，夫人则认为，这表明他能继任第二届，但那惨白的脸色同时也预示着，他的生命在第二届总统任期内就会结束。

之后不久，林肯坚信自己前往华盛顿就任就等于是去送死。他收到大量的信件，几乎每一封信都表达了死亡的威胁——信中画有绞刑架和匕首。

大选之后，林肯对一位朋友说：“我一直都在忧虑自己房子的安危。我不想将它卖了，因为那样我的家也就完蛋了。我想把它租出去，那样的话，等我有一天回到家时，它还是完好无缺的。”

林肯最终找到了一个愿意为他看管房子的人，于是他以年租金 90 美元的价格将房子租了出去。之后，他在《斯普林菲尔德日报》里发表了以下通告：

房子位于第八街和杰克逊街交会拐角处。屋内家具，包括地毯、沙发、椅子、橱柜、衣柜、床铺、火炉、陶瓷玻璃器皿等等，一律待售。有意求购者请即至现场交易。

于是，左邻右舍的人们都前往看个究竟。有人想买下一些椅子和一只烹炉，还有人想将床买下。

“想买啥就买啥，您认为值多少钱就付给我多少钱好了。”林肯说。

于是，买东西的人所付的金额非常有限。

大西北铁路公司的主管L.L.蒂尔顿先生买下了大部分的家具；之后，家具还随他一起迁往芝加哥。但是，1871年的一场大火，将这些家具烧毁殆尽。

只有少数几件家当尚在斯普林菲尔德。数年之后，一名书商将它们全部买下来运往华盛顿，安放在林肯的单身公寓里。这座公寓几乎与对街的福特戏院相望，现在已成为政府的资产——国人瞻仰之地和博物馆。

当年，邻居们或许只用1.5美元就买下了林肯的一张旧椅子，可是今天却价值连城。人们对林肯曾经亲密接触过的每一件物品都无比珍惜。那张当年他遇刺时所坐的摇摇欲坠的胡桃木椅子，在1929年以2500美元的价格售出；其委任胡克将军为波托马克部队总司令的委任状，在一次公开拍卖中标价10000美元；在内战期间，林肯共发出四百八十五封电报，现在全收集在布朗大学里，价值25万美元；他的一次不怎么重要的演说手稿，而且没有他的署名，都可以卖上18000美元的价钱；至于那份葛底斯堡演说的手迹，其价值更是无可限量。

然而在1861年，斯普林菲尔德的居民却无法意识到林肯的能耐，难以想象其辉煌的前程。

这也难怪。那些年来，这位未来伟大的总统，几乎每个早晨都是披着围巾、手提菜篮前往杂货铺买回一日的生活所需。傍晚时分，他要去小镇外围的草原找出自家的母牛，将它赶回家挤奶；他还得清理马厩，给马梳理鬃毛；之后便是劈柴、生火、做饭。

在前往华盛顿的三周前，林肯便着手准备他的第一次就职演说。为安静起见，他将自己锁在一个杂货铺的楼上。他自己本人没有多少书，不过他那些工作伙伴的书加起来足以开设一个图书馆。他向赫恩登借了一部宪法、安德鲁·杰克逊的《反对无效执行的宣言》、亨利·克莱1850年举世瞩目的演说，以及《韦伯斯特答海恩》，等等。就是在那昏暗、肮脏的恶劣环境中，林肯写就了他那著名的演说词。在演说词的末尾，他向南方各州的人民发出了娓娓动听的恳求：

> 我们不是敌人，是朋友。我们不能够是敌人。尽管情势紧张，但它不可以破坏我们感情的纽带。当神秘的记忆之弦被唤醒时，从每一场战役、每一位爱国者的墓穴，到这片广袤土地上每一个跃动的心灵，我们联邦的队伍一定会壮大。

在离开伊利诺伊之前，林肯辗转七十英里来到查尔斯顿探望继母。他一如既往地唤她为“妈妈”。妈妈拉着他的手，哭泣道：“阿贝，我并不想你去当总统，我也不希望你赢得这次大选。我的内心告诉我你将遭遇不测，我们俩只有在天堂才能再相会了。”

在斯普林菲尔德的最后几天里，林肯常常想起过去，想起新塞勒姆，想起安·拉特利奇，还再次梦见一些远远超乎现实的东西。在前往华盛顿的数天前，他谈论最多的就是安。他承认：“我深深地爱着她，现在我还常常想起她。”

在他永远离开斯普林菲尔德的前一个晚上，他最后一次去办公室处理了一些琐碎事务。下面是赫恩登的回忆：

处理完所有这一切之后，他走过对面的房间，重重地将自己摔在破旧的沙发里。这遭受经年磨损的沙发已经摇摇欲坠，只能靠在墙边才得以勉强稳当摆平。他面向天花板，在沙发里躺了一会儿，一言不发。过了一会儿，他问道：“比利，我们在一起共事多久了？”

“超过十年了。”我答道。

“我们从没有红过脸，是吗？”

“没有，压根儿就没有。”我回答得相当激动。

他回忆起执业早期的一些趣事，还兴致勃勃地谈起巡回办案时的一些滑稽事……他收拾起一捆书籍和文稿，准备带走。然而在离开之前，他发出一个奇怪的请求：必须留下楼梯口那悬挂在锈迹斑斑的锁链上的告示牌。“别碰它，就让它挂在那儿，”他压低嗓音说道，“得让我们的顾客知道，不管我是不是总统，林肯和赫恩登的办公室依旧不变。总有一天我会回来的。我们要继续开办法律事务所，就好像之前啥事也没有发生过一样。”

他在房间内转悠了好一会儿，似乎是在做最后的告别。之后，他走出房门，迈向狭窄的走道。我陪他一起下楼。路上，他谈起总统办公室那令人不快的环境。“我已经开始厌倦当官了，”他抱怨道，“一想到即将来临的工作我就头疼。”

当时林肯的身价可能是一万美元；然而，他却身无分文，只有向朋友借钱应付前往华盛顿的开销。

林肯一家在斯普林菲尔德的最后一周，是在切纳里大楼度过的。出发前夜，全家人的家什和木箱都搬到了楼下酒店的大堂，林肯逐一打包捆绑。他向店员要来一些卡片，在背面写上“A.林肯，华盛顿特区，行政楼”的字样，随即将卡片粘在行李上。

次日清晨，七点三十分，林肯和家人登上停在酒店门前的一辆破烂不堪的老爷车前往沃巴什火车站，一辆专列正等着他们全家前往华盛顿。

天空灰暗，下着雨。车站站台上挤满了送行的人，有一千五百人左右，都是林肯的老邻居。他们排成一行，林肯伸出他那瘦削干练的右手，和他们一一握别。汽笛拉响了，他不得不跳上火车。他钻进私人车厢；一分钟之后，他又出现在站台的末端。

在此之前，林肯并不打算发表演说。他认为新闻记者们没有必要前往火车站，因为他没有什么可说的。可是，当他向父老乡亲们看去最后一眼时，肺腑之言立即涌上心头。当然，这次雨中的即席讲话是无法和在葛底斯堡的任何一次演说相比的，更无法和他的第二次就职演说相提并论。然而，它和《圣经》中的“诗篇”一样动听，它是林肯所有的演说中最饱含个人激情的一次。

在林肯所有的演说中，只有两次流泪的记录。那天早上的演说是其中的一次：

> 我的朋友们，在此分别之际，没有任何人能体味到我的忧伤。对于这个地方，以及这些仁慈的人民，我所欠良多。在这里，我度过了生命中的二十五年，从青年走到了老年。我的孩子们生于此，其中一位已经长眠于此。此刻，我离你们而去，不知道是否还能回来，也不知道何时能够回来，因为我面临的使命比华盛顿还要艰巨。如果没有曾经帮助过华盛顿的神圣上帝的协助，我不可能成功；如果上帝保佑我，则绝不允许失败。我必须相信上帝，让上帝伴我左右，让我们坚信一切都会美好，让我们互相祝福。再见。

17

在林肯前往华盛顿就职的途中，美国情报署和私人侦探社均发现有一个阴谋：经过巴尔的摩时，林肯有可能被暗杀。

林肯的朋友们力劝他放弃原计划，改为晚上悄然进入华盛顿。

这是懦夫的表现。林肯深知，这样的举动会引发民众的嘲笑和不屑。他决心按原计划行进。不过，经过友人数小时的劝说之后，他屈服了，决定在剩余的行程中谨慎行事，不作声张。

夫人一听说行程有所改变，便极力主张跟随林肯一同前往。因此，当得知必须乘下一趟火车独自前往时，她脾气大发，扬言要打乱原计划。

按照计划，林肯将于 2 月 22 日在宾夕法尼亚州的哈里斯堡发表演说，并在当地住宿。次日清晨，启程前往巴尔的摩和华盛顿。

林肯如期在哈里斯堡发表演说，但是没在那里过夜。那天傍晚六点，他穿上一套从未穿过的老式大衣，戴上一顶质地柔软的羊毛礼帽，悄然从酒店的后门溜出。人们将他送至一节漆黑一片的火车车厢里。数分钟之后，汽笛拉响，火车朝费城驶去。同时，哈里斯堡的电报线被剪断，由此消息便无法传送出去。

在费城，为了改变接站地点，林肯的同僚们在他到达前的一个小时就忙开了。为了避免被人认出，林肯和当时著名的侦探阿伦·平克顿，不得不坐在漆黑的出租车里在费城的大街小巷瞎转。

十点五十五分，林肯在平克顿的搀扶下弓起身子从侧门走进了车站。他的头低垂着，那条系在细小脖子上的旧围巾几乎裹住了整个脸庞，这样，他那颀长的身躯便没引起人们多大的注意。他穿过候车室，径直来到火车最后一节卧铺车厢——那是平克顿的女助手为其“有病的兄长”准备的，她已经用厚厚的布帘将这一节车厢与其余的隔离开来。

彼时，林肯已经收到大量的恐吓信，说他不可能活着踏入白宫的大门。所以，军队总司令温菲尔德·斯科特将军以及其他民众，均担心林肯在进行就职演说时被枪击。

许多华盛顿市民，因害怕血腥的场景而不愿参加林肯的就职典礼。

斯科特将军安排六十名士兵守卫在国会大厦东边门廊的平台下方，因为林肯将在平台上宣誓就职。此外，将军还安排士兵围绕所有的观众站成一圈，将观众与林肯隔开，并且在林肯的身后安排了士兵站岗。典礼完毕之后，这位新任总统步入一辆马车，经宾夕法尼亚大道前往白宫。途中，身穿绿色大衣的神枪手在各栋高楼大厦里严密注视，而步兵则手握刺枪在马车的两旁紧紧相随。

林肯终于来到了白宫，毫发未损。许多人都惊讶不已。

然而，另外一些人则失望万分。

在 1861 年以前的好些年里，这个国家的经济一直处于低迷状态，民不聊生，饥饿的暴徒试图抢劫金库，所以政府不得不派遣军队进驻纽约市区。

林肯就职之时，正是成千上万饥肠辘辘、绝望无奈的民众四处找活糊口的时候。人人深知，这是共和党人的首次执政，共和党人一定会解雇所有在职的民主党雇员，甚至周薪只有10美元的职员也不能幸免。

每一项工作都有无数的申请人引颈期待。每天距离办公时间尚有两个小时，可白宫里却已是人满为患。人们冲进大厅，走道里、东厅，甚至私人大厅里，都挤满了申请工作的人。

乞丐来了，要顿午饭钱；有人要求林肯送给他一条旧裤子。

寡妇来了，她要为答应娶她的男人找个职位养家糊口。

成百上千的人来了又去，只为索取林肯的亲笔签名。一名开旅馆的爱尔兰妇女，十万火急地赶往白宫，哀求林肯帮助她向一名政府职员索取欠费。只要有一位政府官员病倒，便会有成群结队的申请人奔向林肯，要求填补那位官员的职位，"以防万一他离世"。

人人手中都持有数不清的介绍信、鉴定书。当然，林肯只能顾及其中的不到十分之一。有一天，两名申请人各自将厚厚的一捆信件塞进林肯的手中，林肯只有做简单的处理：他将未开启的信件过秤，看哪位的信件重一些，则给那位人士一份差事。

成群结队的人一次又一次地求见林肯，要求工作和饭碗。一旦遭到拒绝，他们便恶言攻击、谩骂。他们在林肯赶往午餐的路上拦截他，甚至在大街上阻截他乘坐的马车。在他上任一年后，国家内战已持续十个月。哪怕在这个时候，这群无赖还是不断地骚扰他。

"他们永远不会停下来吗？"他大声责问。

林肯在忍受这些狂徒之时，还得处理战事。最终，他的铁幕在重压之下破碎了；加之罹染天花，林肯再也无法招架。他下令说："告诉那帮人赶紧到这里来，这会儿，我可以让他们每一个人都有活干。"

林肯还没能在白宫待上二十四小时，便面临着一个非常严峻的问题：扼守科罗拉多南部、查尔斯顿港山姆特要塞的驻军已经断了粮草。总统不得不作出抉择：是为前线输送给养，还是向南部邦联投降？

他的军事顾问说："别再送去任何食物了。你一旦将食物送去，便意味着战争的打响。"

他的内阁有七名成员，其中六人的意见与顾问的相一致。但是，林肯知道决不可能让军队撤离山姆特要塞，因为这就等同于承认了南部各州的独立和这个国家的土崩瓦解。然而在就职演说中，他曾经庄严地发誓，要"以上帝的名义"去"保存、保护和捍卫"这个国家的完整。他必须信守誓言。

于是，他下达命令：美国海军的"波瓦坦"号军舰启航去山姆特要塞运送腌肉、大豆和面包，但军舰上没有装载任何士兵和枪支弹药。

杰斐逊·戴维斯一听到这个消息，即电告博雷加德将军，并且指示：如果有必要的话，可以攻击山姆特要塞。

驻守要塞的安德森少校向博雷加德将军报告说，只要再等上四天，北方驻军就不得不由于极度饥饿而撤军，因为这段时间以来，他们都只能靠咸肉度日。

博雷加德将军为什么不能等？

或许，他的智囊团里的一部分人认为，"除非鲜血四溅于人们的身体之上”,否则,正准备脱离联邦的南部各州有可能又回归联邦。

向一群北方佬开火,可以巩固邦联,激发作战的激情。

于是,博雷加德下达了悲剧性的命令。4 月 12 日凌晨四点三十分,一发炮弹轰然划向清空,继而嘶然坠入山姆特要塞附近的大海里。

轰炸整整持续了三十四个小时。

南方邦联将事情转变成了一起社会事件。英勇的年轻人兴高采烈地穿上崭新的制服,在时髦社交女郎和乐队的列队欢送中走向码头,在礼炮声中向前线进发。

星期天的下午,联邦士兵弃守山姆特要塞,还扔下了四桶咸肉。他们举着星条旗,在乐声中走下码头,直驶纽约。

整整一个星期,查尔斯顿港陷入了极度的狂欢。天主教堂里响起壮丽的赞美诗,大街上游人如织,人们在酒吧和旅馆里纵情地吃喝玩乐。

从失去生命的角度来看,对山姆特要塞的轰炸微不足道,因为双方都没有士兵阵亡;但是,就它所引发的一连串事件来看,几乎没有几场战役比它更重要。彼时,一场世界上最血腥的战争正拉开帷幕。

第 三 部 分

“我们的谈话非常愉快，”格兰特回忆道，“我几乎忘记了会晤的主题。”

18

林肯发出号令，征兵七万五千人。一股爱国热潮，在全国范围内掀起。在广场上，在大厅里，大型集会此起彼伏，彩旗迎风飘扬，礼花四处绽放；在激越的乐曲声中，演说者激昂陈辞。男人们纷纷放下锄头和笔杆，投向军旅生涯。

在十周的时间里，有十万九千人应征入伍。这些新兵唱道：

约翰·布朗的尸首在坟墓里腐烂，
可他的灵魂却永远在战斗。

谁将引领这支军队走向胜利？当时，公认的军事天才只有一位，他就是罗伯特·E.李。他是南方人，不过林肯还是任命他为联邦军的总司令。如果李能答应下来，这场战争的历史则可以改写。有段时间，他真的认真考虑过。他温习《圣经》，双膝下跪，双手合十祈祷；他彻夜在卧室里踱步，真诚地努力找出正确的答案。在许多事情上，他和林肯的意见相一致。他也憎恨奴隶制，老早就让自家的黑奴获得了人身自由。他对联邦的热爱程度，可以和林肯相比拟;他坚信联邦是“永恒的”,南方独立只是一场“颠覆”;他认为这个国家不能遭受更大的灾难。

但是,问题就在于,他是弗吉尼亚人——一个尊贵的弗吉尼亚人,会将自己所在州的利益置于整个国家民族利益之上。二百多年来,他的前辈们一直在经历着铁一般事实的洗礼——他们曾经被殖民,之后才建立起自己的家园。他的父亲,家喻户晓的“轻骑手哈里·李”,曾经协助华盛顿赶走红袍子佐治亚国王,从而登上弗吉尼亚州州长的宝座。州长曾经教育其子罗伯特·E.李,要热爱自己的家乡胜过喜爱这个联邦国家。

所以,当弗吉尼亚州将自身的归宿投向南方时,李平静地宣布:“我不能够领导一支充满敌意的军队,来对抗我的亲人、我的孩子和我的故乡。我要和我的人民一起分担痛楚。”

这一决定有可能将这场内战延长两到三年。

这会儿,林肯还能得到谁的协助和指引呢?彼时,温菲尔德·斯科特将军是联邦军队的总司令。他已接近迟暮之年。1812 年,他在兰迪率众打过一场漂亮的胜仗,可现时已是 1861 年,事隔四十九年之久。无论在生理上,还是在心智上,他都显得疲态不堪,其年轻时的动力和勇气早已荡然无存。

此外,斯科特一直都在忍受脊柱关节病痛的折磨。他写道:“有超过三年以上的时间,我无法骑上马鞍,只要行走几步,就会觉得痛苦万分。”

这会儿,新的病痛又向他袭去:水肿和眩晕。

如此状态之下的一位风烛残年的老人,一位早该被送进医院躺在睡床上由护士照料的老人,林肯却要指望他引领这个国度走向战争的胜利之巅。

当年的 4 月,林肯号令七万五千人服役三个月,直至 7 月初服役期满。

因此,在6月下旬,出征的议题显得迫在眉睫。出征!出征!

日复一日,霍勒斯·格里利在《纽约论坛报》的社论专栏,以醒目的粗体黑字作为标题:"民族战争的呐喊","向里士满进发"。

商业还是一团糟。银行担心呆账无法收回,连政府借款都得支付百分之十二的利息。民众人心惶惶,他们说:"别再愚弄我们了,我们必须吹响嘹亮的号角,清算李的部队。"

这听起来颇有感召力,所以一呼百应。其实,军方当局非常清楚,部队尚未做好充分的准备。但是,迫于民众的压力,总统最终还是决定出征。

在一个炽热的7月天,麦克道尔率领其"伟大军队"之三万精兵,前往弗吉尼亚的布尔河边,与南部邦联的部队作战。这是当时美国将领率众之最。

那是一支怎样的军队呀!绝大多数士兵对作战一无所知,对军规也只是一知半解。好几个团的士兵,都是在出征十天前才赶来报到的。

谢尔曼旅长说:"凭借自己的个人能力,根本无法阻止迷途的士兵,在路途中四处找水和野果子或是其他什么东西充饥。"

当时,义勇兵被人们看做是强壮的战士,所以许多士兵都渴望穿上类似他们的服饰,模仿他们的行为举止。

这样一来,部队统一着装,向布尔河进发——额头缠绕腥红色的头巾,双腿绑上红色的绷带。与其说这是一群前去送死的将士,还不如说是马戏班子里的一群小丑。

终于,在7月下旬某个炎热上午的十点,内战的第一场战斗打响了。

事态如何呢?

这群没有任何经验的散兵游勇,看见炮灰在林中飞坠,看见士兵倒卧在战地上,鲜血从口腔里汩汩直流,他们尖叫着,惊呼着。眼看着这些情形,宾夕法尼亚军团和纽约军团的士兵,突然间想起他们九十天的军训期已过,于是坚持要求退役。马上退出,就在当地!麦克道尔报告说:“他们躲在了敌人炮火的后面。”

其余的将士则表现得异乎寻常地出色,他们一直坚持作战至下午四点三十分。这时,南部邦联突增二千三百人的兵力,战场上的火力骤增。

小道消息一传十、十传百地传开了:约翰斯顿的部队来了。

恐慌开始了。

二万五千名士兵拒绝服从命令,战场上一片混乱。麦克道尔和将领们竭尽全力维持秩序,但无济于事。

很快,南部邦联的大炮轰平了大道,整行整列的士兵、炮弹和救护担架塞满了战场,头戴丝绒礼帽的国会议员来回巡视。妇女们吓得晕了过去,男人们则大声叫嚷着、咒骂着相互践踏。一辆马车在桥上动弹不得,快速通道被挡住了。脱缰的战马被枪支和担架阻隔在一边,那些被战火吓坏了的“义勇兵”们,趁乱跳上了战马逃之夭夭。

结果,士兵们以为南部邦联的骑兵追上来了,惊慌失措地尖叫起来:“骑兵!骑兵!”

这支所谓的“精锐部队”,现在变成了一群恐惧万分的乌合之众。

在此之前,在任何一个美国战场上,人们都无法看到这么混乱的情形。

发疯般的士兵,仿佛被一股无名火追逐着四窜。他们扔下了步枪和刀,连大衣、军帽和皮带也扔下了。由于极度疲惫,一些人瘫倒在马路上,过往的战马和车辆就在他们身上辗过。

那天是星期天，林肯正坐在教堂里，但他还是听到了二十英里之外轰鸣的炮声。临近礼拜结束之际，他飞奔向战争部。在那里，潮水般的电报已从战场的四面八方涌来。尽管这些报文语义欠清，林肯却急于和斯科特讨论战情。他急忙走进这位老将军的总部，却发现他正在打盹。

老将军揉搓着双眼，哈欠连天，终于醒来了，但他还是没能坐起来。屋顶滑轮上吊着一个类似马鞍的东西，他抓住鞍上的带子用劲一拉，才得以让自己笨拙的躯体直立起来。

他说："我不知道战场上有多少人，也不知道他们的具体方位，更不知道他们是如何武装起来的，以及他们能干些什么，没有人来告诉我，我完全一无所知。"

可是，他是这个国家军队的老总！

这位老将军读了几份电报，随后告诉林肯没有什么可担忧的。他说自己背疼，便又躺了回去 。

子夜时分，这支溃败的军队，开始蹒跚穿越长桥，经波托马克拥入华盛顿。

市民们很快就在街道两旁的人行道上摆上餐桌，一车又一车的面包运来了；社区里的妇女们手持热乎乎的汤水、咖啡和食物，到处分发。

麦克道尔在签发派遣令时，由于极度劳累而倒在一棵树下睡着了，他的手里还握着铅笔，最后一个句子只写了一半。他的士兵们，同样也累得无暇顾及任何事务，在人行道上倒头便睡。尽管倾盆大雨浇在身上，但他们还是如死人般失去了任何知觉，有些人的手里还紧握着步枪。

那天晚上，林肯一夜未合眼，他倾听报刊记者以及路过战场的平民讲述战事。讲述一直持续至天亮。

好些公众人物陷入了恐慌。霍勒斯·格里利认为,无论以何种条件都必须马上结束战争。他认为南方永不可能被征服。

伦敦的银行家们确信,联邦不日将会被摧毁,因此在星期天的下午,他们在华盛顿的代理人纷纷拥向财政部,要求政府为其所借出的四万美元做担保。

代理人们被告知,周一再与政府交涉,因为联邦政府不至于这么快就改朝换代。

对于林肯来说,失败并不是什么新鲜事儿。他这一辈子经历得太多了,失败不会摧垮他。他始终坚信其事业的最终胜利,他的信念永不改变。他走到沮丧的士兵身边,和他们握手,一遍又一遍地祝福:“上帝保佑你,上帝保佑你。”他坐下来和他们一起吃豆子,谈论美好的明天,以此激发士气。

这注定是一场持久战,现在林肯清楚这一点。他请求国会授权征兵四十万。国会将征兵数字提高到一百万,并且要求五十万人服役三年。

但是,这支军队由谁来领导呢?老斯科特将军吗?没有滑轮他根本无法从床上爬起来,打第一场战役之时,他还在打鼾呢!不,绝对不可能是他。

这时,一位将领浮出了水面。他魅力四射,可又令人气恼和失望。

林肯的麻烦事永无终结。他的麻烦才刚刚开始。

19

在内战初期的数周里，一名英俊的青年军官崭露头角，引起了人们的注意，他就是麦克莱伦。麦克莱伦统领着二十门大炮，带上一台便携式印刷机，冲向西弗吉尼亚战场，还真的吓退了一小撮南方敌军。他所指挥的战斗，算不上什么大阵仗，只不过是解决了小小的冲突而已；但这是北方部队的首捷，在人们看来举足轻重。麦克莱伦深谙这一切。于是，他利用印刷机，向国人详细报道其调兵遣将的策略以及所取得的战果。

经年之后，麦克莱伦这一滑稽行为遭到人们的嘲笑。但是，当时战争初始，人们不知所措，迫切期待有那么一位盖世英雄的诞生，所以他们看中了这位自吹自擂的年轻军官。国会颁予他嘉奖令，授予其“青年拿破仑”的光荣称号。联邦国军在布尔河溃退之后，林肯在华盛顿约见麦克莱伦，任命他为波托马克军队的指挥官。

麦克莱伦天生一副当领导的架势。士兵们只要一见到他骑着白马快步朝他们奔去，他们便会热烈鼓掌欢迎。不过，麦克莱伦工作起来相当认真。一接管从布尔河溃退下来的残兵败将，他便开始对士兵进行严格的操练，让战士们重拾自信，让军中士气倍增。截至当年10月，他已经拥有了一支在西方世界堪称阵容最强大、训练最有素的军队。他的士兵们不单只想参与战斗，还急着想和人打架。

人人都盼望着战斗再次打响——只有麦克莱伦是个例外。林肯三番五次地催促，可他就是不采取任何行动。他主持阅兵，谈论很多近期的打算；但他仅仅是说说而已，就是不见行动。

他一意孤行地拖延，以各式各样的借口拖延，就是没有行动。

有一次，他说由于部队正在休整，因而不可以发起进攻。林肯问他，部队为何会变得如此疲惫不堪。

还有一次，安蒂特姆战役之后，发生了一件匪夷所思的事情：麦克莱伦手下士兵的数量远远超出李的部下，交战中李军溃败；如果麦克莱伦就此乘胜追击，则有可能活捉李，从而结束这场内战。林肯不断地催促——信也写了，电报也发了，紧急通告也送去了——可好几个星期过去了，连一点儿动静都没有。终于，麦克莱伦开口说话了。因为他的战马累极了，喉咙还得了炎症，所以他无法前行。

如果您曾经到过新塞勒姆，您就会见到一根人为弄弯的树杆，它就摆放在奥法特家杂货店所在山头的山脚下。林肯曾经在这家杂货店里打杂。克拉里家的绿林好汉们，过去常常在那里玩斗鸡的游戏，林肯当时充当裁判的角色。巴博·麦克纳布一连几个星期都在吹嘘自家的公鸡，说什么桑加蒙县的“鸡头”非他家的莫属。可是，当人们将这只公鸡放进角斗池的时候，它却掉转头跑了，根本不愿“参战”。巴博一怒之下，抓起公鸡往空中高高抛去，结果公鸡摔落在一堆木柴上。它竖起羽毛大摇大摆地走开了，嘴里还挑衅地发出高亢的啼声。

“见你的鬼去吧！”麦克纳布说，“徒有华丽外表的臭皮囊。”

林肯说，现在麦克莱伦的表现，让他想起了巴博·麦克纳布家的公鸡。

在半岛战役中，有一次南方的五千士兵在马格鲁德将军率领下，与麦克莱伦手下的十万之众作战。可麦克莱伦仍然畏缩不前，不但丢弃了胸墙，而且还不断向林肯唠叨要增兵，增兵，增兵。

“如果我有魔杖，”林肯说道，“我可以为麦克莱伦派遣十万兵力，他当然会狂喜，会感激我，还会一个劲儿地说明天就向里士满进发。可是等到第二天，他又会发来电传说得到消息，敌军兵力已增至四十万，如果我方不派增援，则无法发起进攻。”

战争部长斯坦顿说：“要是麦克莱伦拥有一百万兵力，那他就会信誓旦旦地告知敌军有二百万，他还会躺在泥地里叫嚷说，他的兵力必须增至三百万。”

红得发紫的“青年拿破仑”让虚荣冲昏了头脑。他自大、狂妄，称林肯及其内阁为“猎狗”“小人”“葡萄牙兵”。

麦克莱伦还将自己对林肯的侮辱体现在具体的行动上。当总统前往检阅军队时，他将总统“晾”在接待室长达半个小时之久。

有一次，麦克莱伦晚上十一点才到家，用人告知林肯已经在其家中等待了好几个小时。可麦克莱伦没有和林肯打上一个照面就径直上楼去了，他让用人传话说自己已经上床睡觉了。

类似的事情不断见诸报端，传媒成了华府是是非非和绯闻的集散地。每每得知类似的消息，林肯的母亲便会泪流满面，恳求林肯撤掉这个“可怕的夸夸其谈的人”——她这样称呼麦克莱伦。

“妈妈,”林肯答道,“我明白他做得不对,但在这样的时势里,我没有必要去和他计较。如果麦克莱伦能为我们带来胜利,我乐意为他托捧帽子。”

夏去秋来,秋散冬至,转眼间,又一个春天即将来临,可麦克莱伦除了操练士兵、阅兵和空谈之外,毫无建树。

整个国家都被激怒了,林肯受到来自四面八方的责备和抨击。

“你的拖沓正在毁灭我们的事业。”林肯一边签发进军命令,一边朝着麦克莱伦大声疾呼。

现在麦克莱伦只剩下这样的选择:要么进发,要么就地辞职。所以,他赶忙奔向哈珀渡口,命令部队立即出发。他原计划是从哈珀进攻弗吉尼亚,因为通过拼接从切萨皮克湾和俄亥俄运河调来的船只,军队就可以渡过波托马克河。但是,由于宽出六英寸的船只在运河中被卡住,动弹不得,在最后关头只好放弃这项计划。

当麦克莱伦向林肯汇报这次失利,并说浮桥还没有准备好时,这位长期忍受折磨的总统终于无法控制自己的脾气了。他被气得咬牙切齿,一句话都说不出来。他一头扎进印第安纳州皮金河谷的干草田里,狂怒道:“为什么?真见鬼!他们何时才算准备好了?”

国人也以同样的语调发出同样的质疑。

终于在 4 月,“青年拿破仑” 效仿老拿破仑向士兵发表了战前演说。之后,十二万将士嘴里哼着“我把姑娘留下”向南方进发了。

此时,战争已经持续一年之久。麦克莱伦吹嘘说,他马上就可以摆平整个战事,从而让将士们赶回家趁早种下玉米和麦子。

尽管这一海口令人难以置信，但林肯和斯坦顿还是抱持着乐观的态度。他们电告各州州长，不要再接收任何志愿兵，赶快关闭征兵处，同时将征兵处的公共设施拍卖。

军中有一句“伟大的弗雷德里克”的格言：要彻底了解和你对抗的敌人。李和斯通沃尔·杰克逊非常了解他们将要对付的这位“蹩脚拿破仑”——胆小如鼠，牢骚满腹，从未亲历战场，一见血就倒。

于是，李让麦克莱伦消耗完三个月时间，慢慢地爬到里士满。当麦克莱伦的众兵已经逼近城下，并能够清晰地听到教堂的钟鸣时，憋足了劲儿的李家军开始了一连串的猛攻。在整整七天的酣战中，麦克莱伦只有躲藏在炮艇里，他手下的一万五千名士兵不幸葬身枪海。

于是，麦克莱伦所谓的“一次伟大的壮举”，以一场最为血腥的失败而告终。

但是还像以前那样，麦克莱伦将失败归罪于“华府的那些叛徒”，并且说着同样的话：他们没有给他足够的兵力，他们的“懦弱和愚蠢”让他“血脉偾张”。他憎恨林肯和他的内阁，憎恨的程度较其蔑视南部邦联的程度还要深。他谴责他们的举动“是有史以来最臭名昭著的”。

其实，麦克莱伦的兵力较敌军多得多。他从来没有好好地运用过其所拥有的兵力，他只是一味地要求增兵、增兵。他先是要求增兵一万，继而五万，最后是十万。华府不可能有这么多兵力，他是知道这一点的；林肯也明白麦克莱伦深知这一点。林肯曾跟麦克莱伦抱怨，说他的要求简直就是“不可思议”。

麦克莱伦发给斯坦顿和总统的电文充满火药味和不恭，那些措辞就好像是疯子的狂言。在电文中,麦克莱伦指责林肯和斯坦顿极尽所能地摧毁军队,其文字极端不雅,以至于发报员拒绝发送。

整个国家惊呆了,华尔街充满了恐慌和惊诧,愤恨和哀愁写满了人民的面容。

林肯变得枯槁、憔悴,他说:“我绝望极了。”

麦克莱伦的岳父、参谋总长 P.B.马西认为,这会儿别无他法,只有投降。

林肯一听到这话便怒不可遏,他差人将马西叫来,说道:“将军,我知道你已经用了‘投降’一词,可是这个词和我们的军队没有任何关联。”

20

早年在新塞勒姆的时候,林肯就明白了这么一个道理:要租一个地方贮放货物并非难事,难就难在,无论是他,还是那位醉鬼生意伙伴,都无法贮到好的东西,并以合理的价钱售出。

遭遇经年的失利和血腥洗礼之后,林肯终于明白了:招募五十万乐意去送死的士兵并不难,花去十亿美元为将士配备长枪短炮也不难,难就难在苦寻不到引领将士迈向胜利的统帅人物。

林肯声称:军队的战斗力完全取决于领军人物的雄才伟略。

一次又一次地,林肯双膝下跪,恳求伟大的天主赐予他一个罗伯特·E.李,或是一个约瑟夫·E.约翰斯顿,或是一个斯通沃尔·杰克逊。

他说:“杰克逊是名长老派将士,他勇敢、诚实。如果我们有这么一位将领统率联邦国军,我们这个国家就不会遭受如此频繁的灾难,我们的国民就不会如此地惊恐。”

但是,在整个国家军队里,在哪儿能找出另外一个斯通沃尔·杰克逊呢?埃德蒙·克拉伦斯·斯特德曼就此发表了一本闻名于世的诗集,其中的每一首诗都以这么一句话结束:亚伯拉罕·林肯,请为我们带来一个巨人。

这已远远不是诗歌的叠句;这是一个流血的国度在呐喊,是一个心慌意乱的国度在哀号。

总统念及此诗时也哭泣不止。

整整两年,他都在为这个国家寻找领军人物。他曾将军队交给一名“饭桶将军”,致使大批将士惨遭杀戮,数以千计的寡妇和孤儿痛哭流涕。撤下这么一个“饭桶”,再换上下一位,可还是同样的无能——更多的士兵战死疆场。只要电文一到,林肯往往就是彻夜无眠。他身披睡袍,脚套拖鞋,来来回回地踱步,一遍又一遍地呐喊:“我的上帝呀!这个国家将如何反应?我的天呀!我的国民将如何是好?”

于是,下一位指挥官受命就任,可还是血流成河。

至此,一些军事评论家认为,尽管麦克莱伦的作战能力极度有限,尽管他犯下了令人震惊的过错,可他有可能是波托马克军中最好的指挥官了。设想一下,除此以外还有谁?!

麦克莱伦之后,林肯尝试启用约翰·波普。波普曾经在密苏里有过一些辉煌的战果,并且在密西西比的一个小岛上活捉过好几千敌兵。

波普有两方面与麦克莱伦相似:英俊、好大喜功。他向外宣称,其司令部就“在马鞍上”。由于他宣言不断,人们很快就送给他一个“宣言波普”的外号。

他在军中的第一次讲话是这样开始的:“我从西部赶来,沿途常常可以见到敌军的背影。”——言谈相当生硬,毫无策略可言。紧接着,他指责部队在东部的不作为,还含沙射影地讥讽将士们是可恨的胆小鬼。最后,他吹嘘说,这支军队在其领导下一定会创造出奇迹和辉煌。

发表这样的宣言，这位新上任的指挥官，仿如三伏天里金灿灿的响尾蛇——将士们对其恨之入骨。

麦克莱伦的憎恨尤甚，因为波普取代了他的位置。他的憎恨无人可以比拟：他妒忌，他痛恨，如毒蛇啮噬着心灵般痛恨。可是，他别无选择，只有去信纽约另谋高就。

波普将队伍拉进弗吉尼亚。一场恶战迫在眉睫，因而波普竭尽全力网罗兵力。林肯频频紧急电召麦克莱伦，命其以最快的速度调兵增援波普。

麦克莱伦会服从吗？当然不会。他争辩，他故意拖延，他发电文狡辩，他将派出的队伍召回，他费尽心机阻止波普得到增兵。他放出狂言："让波普先生去自食其果。"

甚至，当南部邦联的炮声在耳际轰轰作响之时，麦克莱伦依旧想方设法不让其三万将士前往支援其憎恶的对手波普。

毫无疑问，李又一次在布尔河这一老战场打败了波普，战胜了联邦国军。战场上血流成河，国军将士又一次恐慌溃逃。

布尔河上的混战再一次上演：血肉模糊的一群败兵，再一次拥向华盛顿。

李率领部下乘胜追击，就连林肯都认为华府即将失守。所有运输弹药的船只集合在河边待命，全体华府职员，无论是文职还是军职，一律要求全副武装保卫首都。

战争部长斯坦顿在一片惊慌中匆忙电告六个州的州长，哀求他们将受过训练的民兵和志愿兵悉数送往战场。

酒吧大门紧锁，教堂警钟长鸣，人们双膝跪地，乞求神圣伟大的上帝保佑这座城市。

老弱妇孺惊慌失措。大街上,急驰的战马和马车风驰电掣,军队在向马里兰州进发。

斯坦顿忙于将政府机构向纽约转移,他下令军火库及其一切后供装船北上。

财政部长蔡斯则命令将国库内的金银以最快的速度转往华尔街的财务分署。

而林肯呢?他筋疲力尽,沮丧绝望。他总是以一种悲哀的腔调叹息:“我将怎么办?……我该怎么办?……盆子已经穿底了,盆子已经穿底了。”

人们都认为,麦克莱伦为了报复,一直都在等着瞧“波普先生”兵溃千里的下场。

麦克莱伦被华府召见。林肯告知,他被国民指控为卖国贼,人们认为他就是想让华府束手就擒,他就是想让南方获胜。

斯坦顿怒发冲冠,满脸仇恨和愤慨。那些当时见过他的人都说,要是麦克莱伦在那会儿走进战争部,斯坦顿一定会走上前去将他揍个稀巴烂。

蔡斯的痛恨之情尤甚。他不想打麦克莱伦,他说应该将这个人一枪毙了。

当然,厚道的蔡斯并非想动真格的,可他的话一点儿也没言过其实。他只是想把麦克莱伦的双眼蒙上,让他背靠墙站着,然后让一串子弹穿过他的胸膛。

林肯呢,以其善解人意的天性和基督般的胸怀,他没有指责任何人。确实,波普是失败了,可难道他没有尽力吗?林肯自身所经历的挫败太多了,以至于他无法再去责备他人的失败。

林肯将波普派往西北,去平息苏族印第安人的叛乱,同时召回麦克莱伦指挥联邦国军。为何?林肯说:“军中没有其他人能像他那样将军容整顿得像模像样……他是没有能力亲自作战,可他的优势就在于能够使得他人乐意应战。”总统深知,重新启用“小麦”将招致谴责。而事实上,他真的受到了谴责,且骂声还不小,甚至其内阁也责备他。斯坦顿和蔡斯宣称,他们宁愿让华府给李将军生擒,也不想看到不可一世的卖国贼麦克莱伦再次指挥国军。

林肯被他们强烈的反对深深地伤害了,以至于他说,如果内阁希望他辞职,他会照做的。

安蒂特姆战役结束几个月后,麦克莱伦干脆拒绝执行林肯要求他追击李的部队的命令,因此他对军队的指挥权再次被剥夺,他的军事生涯也就此结束了。

波托马克军必须有另一位领导人。但是,他该是谁?他在哪?无人知晓。

林肯豁出去了。他将指挥官一职授予伯恩赛德。伯恩赛德知道自己无法胜任,接连拒绝了两次任命;最终,当他不得不从命时,他哭了。他仓促接管部队,在弗雷德里克堡向李的防御工事匆忙发起袭击,结果损兵折将多达一万三千人。人员遭到毫无必要的屠杀,取胜的希望相当渺茫。

军中开始大裁员。

伯恩赛德终于可以松一口气了,因为指挥棒交给了另一位自吹自擂者——“好战的乔·胡克”。

胡克牛哄哄地说:“但愿上帝会怜惜李,我可不会怜惜他。”

胡克认为其军队是“这个星球上最棒的一支,其兵力是南部邦联的两倍"。可是,李把他赶回了钱瑟勒斯维尔河的对岸,还毁掉其一万七千人的兵力。

这是内战以来最具灾难性的战役之一。

这场战役是在1863年5月进行的。总统秘书记录道,在那些无休无眠的日子里,林肯一边不停地在房间里踱来踱去,一边大喊"完了!完了!全完了!"。可是,在最后时刻,林肯却赶到弗雷德里克堡,给乔·胡克和士兵们鼓舞士气。

全国上下一片愁云惨雾,林肯受到各方的严厉抨击。

就在军事极度失利之时,总统家也同时发生悲剧。林肯非常喜爱他的两个幼子——泰德和威利。在仲夏的夜晚,他常常避开烦心的国事与儿子们玩"小镇球赛"的游戏。林肯往往从一个地下室跑向另一个地下室,外套下摆的燕尾在他身后飘来荡去。有时候,他会和孩子们玩弹珠射击,从白宫一直玩到战争部办公室。晚间,他喜欢趴在地上和孩子们滚来滚去。在阳光明媚的日子里,他会离开白宫,带上孩子们和他们的山羊四处游逛。

泰德和威利将白宫变成了游吟诗人的表演地。他们要仆人进行军训,还哄得那些前往白宫寻求职位的人四处瞎撞。如果他们喜欢上哪位求职者,他们就会马上引路让求职者见上"老阿贝"一面。如果求职者在前门受阻,他们会将他从后门引进。

和他们的父亲一样,这两个小家伙从不理会任何繁琐的礼节。有一次,林肯正在召开内阁会议,两个小家伙却冲了进去,向总统汇报说,猫刚刚在地下室生下一窝小猫咪。

有一次,严苛的蔡斯被弄得火冒三丈,因为当时他正和总统讨论这个国家所面临的严峻的财政问题,可泰德却猛然扑向父亲,双腿架在林肯的脖子上。这架势让蔡斯感觉心里堵得慌。

有人送给威利一匹小马驹。无论是艳阳高照,还是刮风下雨,威利始终都要坚持遛马,结果感染了严重的伤寒,高烧不退。那段时间的每一个夜晚,林肯都守护在威利的床前,可威利还是不敌病魔过世了。林肯当时几乎窒息过去,他哽咽道:“我可怜的孩子!我可怜的孩子!他太好了,以至于这个地球容不下他。上帝召他回家去了。”

凯克雷夫人当时在场,她回忆道:“他双手紧捂着头,瘦长的身体因为痛苦而剧烈地震动……看着孩子苍白的脸,林肯夫人悲痛欲绝。因为伤心过度,夫人没有参加葬礼。”

威利去世后,林肯夫人根本无法注视儿子的相片。凯克雷夫人告诉我们,她无法面对儿子所喜欢的一切,哪怕是一朵鲜花。每每睹物思人,她都会战栗不止。人们给她送去好些昂贵的香水,可她没有任何心思去瞧上一眼。她要不将香水放在她无法看见的地方,要不干脆将它扔出窗外。她把威利的玩具全部送人……她没有再迈进客房一步——威利下葬前在那里灌浸香气。

在极度的悲伤中,林肯夫人找来一位名叫“科尔切斯特君主”的所谓招魂师招魂。这个骗子的骗术之后不久就被曝光,满城都是捉拿其入狱的通缉布告。可是在当时,林肯夫人却在悲痛中难以自拔,无法辨别真伪。她在白宫接见了这位“君主”。在一间幽暗的房间里,她被告知:那些壁板上的刮痕,那些墙上和餐桌上的敲击声,都是爱子给她发出的信息。

面对这一切,夫人哭泣不止。

精神崩溃的林肯陷入无尽的绝望之中。他几乎无法处理国事，他的书桌上堆满信函和电文。人们担心他无法恢复元气，甚至会因忧郁悲凄而死。

有时候，总统会坐下来朗读一些作品，一读就是好几个小时，秘书或是助手是其唯一的听众。他所读的作品通常是莎士比亚的著作。有一天，他给助手朗读《约翰王》，当读至康斯坦斯痛悼其过世的儿子时，林肯合上书本，凭记忆背起了文章：

> 天父，我听您说过，
> 我们将在天堂里结识我们的朋友，
> 如果那是真的，我将再见到我的儿子。

"上校，你曾梦见过逝去的朋友吗？"总统问道，"在与梦中朋友甜蜜交流的同时，你可曾在潜意识里悲伤地觉得这不是现实？我常常想起威利，可到头来我明白那不是真的。"林肯将脑袋重重地砸在桌子上，嚎啕大哭。

21

当林肯从悲伤中走出来，转向内阁事务之时，他发现军中类似的争执以及妒忌之心同样在内阁里存在。

国务卿苏厄德自诩为“总理”，他不仅瞧不起其他同事，还干预他人的政务，其所作所为引发内阁里深深的怨恨。

财政部长蔡斯瞧不起苏厄德，视麦克莱伦为眼中钉，还憎恨战争部长斯坦顿，厌恶邮政总长布莱尔。

布莱尔呢，如林肯所言，他“无时无刻不在捅马蜂窝”。他自吹自擂，说他自己上战场就是去参加葬礼。他抨击苏厄德是“一名毫无原则可讲的骗子”，拒绝与苏厄德合作处理任何事务；至于斯坦顿和蔡斯，他“不会屈膝和那些无赖说话，哪怕在内阁会议里也不行”。

布莱尔最终迎来了其政坛上的葬礼：由于其言行在内阁中引起了广泛的仇恨，林肯不得不叫他辞职打道回府。

内阁里的仇恨无处不在。

副总统汉尼巴尔·哈姆林从来不与海军部长吉迪恩·威尔斯讲话，而头戴精致假发、连鬓胡子一丝不苟的威尔斯，则几乎在其每天的日记中都要提醒自己,“将斧头狠狠地朝那些古怪而又令人生厌的同僚掷去”。

威尔斯特别憎恨格兰特、苏厄德,还有斯坦顿。

至于暴躁、傲慢的斯坦顿,他是众矢之的。他瞧不起蔡斯、威尔斯、布莱尔、林肯夫人;几乎每一个人他都看不惯。

格兰特认为,斯坦顿根本不顾及他人的感受,对于任何请求和意见,他常常不会加以赞许,反而喜欢在拒绝中寻找一丝快感。

谢尔曼对斯坦顿更是恨之入骨,在一次总结会上,他当众羞辱斯坦顿。十年过后,当他撰写回忆录时,还对此事津津乐道。

谢尔曼说:“我向斯坦顿走去, 他向我伸出手来, 可我当众拒绝和他握手;在场的人将这情景全看在了眼里。”

斯坦顿在当时人见人憎,其被憎恨的程度无人可及。

内阁里几乎人人都认为自己比林肯优秀。

毕竟,谁会乐意去伺候这位粗俗、笨拙、只懂讲故事的西部蛮人呢?

但是,在一次政治事件中,一匹“黑马”偶然闯进了内阁,将其余成员挤到了边缘地带。

1860年,司法部长贝茨曾在一片呼声中被提名竞选总统。他在日记中写道:共和党人提名林肯犯下了“致命的错误”;林肯缺乏意志力和目标,没有统领上下左右的能力。

那会儿,蔡斯也希望获得提名的是他,而不是林肯。而且,直至生命的尽头,他都以“一种忠诚的蔑视”看待林肯。

苏厄德当时同样是牢骚满腹。有一次,他一边踱步,一边和朋友发泄怨气地说道:“失望?你和我说失望。我是谁?我才应该是竞选总统的共和党提名人,可我现在不得不站在一边,眼睁睁地看着提名被送给一名伊利诺伊州的小律师!你和我说什么失望!”

苏厄德知道,如果不是霍勒斯·格里利,现在他已经是在任总统了。他知道如何处理大事,在这方面,他已经积累了二十年的经验。

可是,林肯之前又干了些什么呢?他只不过在新塞勒姆的木屋里开过一间杂货店。

噢,对了,他还干过邮差,他将邮件塞进头顶上的帽子里四处分发。

这些就是这位“大草原政客”的所有行政经验。

可是,现在他却坐在了白宫的第一把交椅上,浮躁且不知所措,得过且过,而这个国家却混乱得不可开交,正一步一步地走向灾难的深渊。

苏厄德认为,成千上万的人都认为,林肯任命他为国务卿就是要他管理这个国家,而林肯只不过是个傀儡。人民称其为“总理”,他喜欢这样的称呼。他坚信,拯救美利坚合众国的重担就落在他的肩上,他一个人的肩上。

接受任命之际,他说:“我会尽力维护自由,尽力保卫国家。”

林肯就任还不到五周,苏厄德竟胆大妄为地给他下发备忘录,这实在令人惊讶。当然,这远远不只是惊讶,而简直就是侮辱。历史上从来没有哪个国家的内阁成员,胆敢向总统做出如此冒昧和傲慢的举动。

苏厄德在备忘录的文首写道:“我们的行政机构差不多运转了一个月,可无论是国家内务政策,还是外交战略,都还是无影无踪。”紧接着,凭着自恃高人一等的蛮横,他不断地奚落这位来自新塞勒姆的前杂货店店主,并且还告诉他政府该如何运作。在备忘录的结尾,苏厄德竟然厚着脸皮建议:林肯应该坐在幕后属于他自己的地方,让精明练达的苏厄德掌管这个国家,以防止她走向地狱。

令林肯震惊的是,有时候苏厄德的建议显得相当疯狂,或是变化无常。苏厄德不满意法国和西班牙在墨西哥的表现,于是他召令这两个国家的有关官员会晤检讨。他对英国和俄国的作派也不喜欢,就同样命令它们的官员作出检讨。如果不检讨或是解释得不那么令人满意,您可以想象得到他的反应。您想象得到吗?宣战。对了!并且,对于这位政治家来说,一场战争还不过瘾。他可以在同一时间里发动好几十场战争,让整个世界都变得硝烟弥漫。

他真的准备向英格兰发出一份傲慢无礼的通告,言辞里满是警告、威胁和侮辱。如果不是林肯替他删去了那些糟糕的段落,将措辞变得稍微温和一些,战争或许就会因此而爆发。

苏厄德说,他宁愿看到一个欧洲国家出面干涉美国内政——支持南卡罗来纳——因为这样北方各州就会揭竿而起,而为了赶走外国势力,南方各州也会伸出援助之手。

当时的局势显示,美国有必要与英国对抗。一艘北方的炮船在北部海面上拦截了一艘英国蒸汽邮轮,抓了两名准备前往英国和法国的南部邦联成员,将他们关进了波士顿的监狱。

英国准备参战。成百上千的英军经由大西洋登陆加拿大,随时准备袭击北方各州。

事到如今,林肯不得不释放那两名南部邦联成员,并向他们道歉。他承认,“那是自己吞下的最苦涩的恶果”。

林肯完全被苏厄德的某些癫狂主意震惊了。从政伊始,他便意识到自己缺乏处理重大事务和承担艰巨职责的经验。他需要帮助，需要指引，需要智慧；他向苏厄德授命的目的就在于此。可是，瞧瞧现在这般局势！

整个华府对苏厄德的行政方式和篡权行为议论纷纷。这极大地影响着林肯夫人的自尊，当然也让她心头的怒火熊熊燃烧。她急得双眼冒火，不断催促老实谦卑的丈夫挺身维护自身的权力。

“我不可以支配我自己，”林肯耐心地劝说夫人，“当然，苏厄德也不可以主宰他自己。唯一能统治我的，是我的良知和我的上帝。人们终究会理解这一点的。”

这一时刻真的来临了。

萨蒙·P.蔡斯是内阁的耀眼人物：身高六英尺二英寸，英俊非凡，天生一副官相。他有教养，通晓古今，掌握三种语言，其女儿在华府社交圈内最具魅力因而也最受欢迎。要是在白宫让他撞见一位不懂得如何订餐的人，他一定会惊讶不已。

蔡斯非常虔诚于宗教信仰：每逢周日，他必须三次前往教堂，他将《圣经》里的赞美诗抄写在浴缸的外沿，还将“我们信任上帝”这句格言铭刻在国家货币上。退休前，他每天晚上都要阅读《圣经》以及有关训诫方面的书籍，所以他完全弄不明白，为何总统就寝前阅读的东西会是诸如阿蒂默斯·沃德或是“石油纳斯比”的集子。

无论是在何种场合，林肯对幽默的偏好总是惹得蔡斯恼怒无比。

有一天，林肯在伊利诺伊州的一位老朋友去白宫拜访他。他一到大门边，门卫便投来异样的目光；门卫告诉他，总统无法接见客人，因为他正在主持内阁会议。

“这有什么关系?” 林肯的老朋友反问道,“你只管去向阿贝通报一声就是了,说是奥兰多·凯洛格来了,想告诉他一桩荒谬的审判。他会乐意见我的。”

林肯下令将老朋友领进白宫。当着内阁成员的面, 这两位老友热烈握手。继而,总统告诉大伙:“先生们,这是我的老朋友奥兰多·凯洛格,他要转告大伙一桩审判怪事。这故事特好笑,大伙暂时先把手中的工作停下来,听听这桩趣事。”

国事就真的给撂在了一边, 严肃的政治家们只有等着奥兰多把故事讲完。林肯被逗得前仰后合,开怀大笑。

蔡斯感到恶心,他担忧这个国家未来的发展。他抱怨说,林肯是“在拿战争开玩笑”,他正在将这个国家疾速推向“崩溃和毁灭的深渊”。

蔡斯此时的心境,就像是参加女生联谊会的成员:憎人走运,哀己不幸。他曾经希望担任国务卿一职,可为什么就偏偏不是他?为何他会受到冷落?为什么国务卿这一美差会落在高傲的苏厄德头上? 为何他仅仅是个财政部长?他痛苦,他仇恨。

现在,他的地位不得不屈居第三。但是,他很快就要给他人点儿颜色看看。1864 年即将来临,又一轮选举在即。他下定决心,必须凭借自己的实力入主白宫。此时,他已经无心于其他内政,一门心思放在选举的准备工作上。如林肯所言:蔡斯为当总统而近乎疯狂。

在林肯面前,蔡斯假装和他站在一边,是他的朋友;但只要离开林肯,蔡斯便成为了总统诡秘的敌人。林肯往往被迫下达一些冒犯达官贵人的命令。

一旦命令传达出去，蔡斯便会急匆匆地找到其中牢骚满腹之人，表明他的同情之心，在袒护对方之际，极尽所能地攻击林肯，以解心头之恨；并且还说什么，如果让萨蒙·P.蔡斯处理政务，他一定会公正对待所有的人和事。

林肯认为蔡斯就是一只绿头苍蝇，“只要能找到腐烂的场所，他就产卵”。

林肯观察蔡斯好几个月，完全知道了他的为人。但是，他表现得非常宽宏大量。他说：“蔡斯是有能力的，但是在竞选总统这个问题上，他显得有点儿神经质了。最近，他的表现欠佳，有人对我说，‘该是将他赶出局的时候了’。可我并不乐意将任何人逐出内阁。我认为，如果哪位仁兄有能力干些事情，而且能够干得很漂亮，那就应该让他干下去。因此，我的决心已定，只要他能恪守财政部长之职，无论他在白宫如何搅事，我闭上眼睛就是了。”

可是，事态变得愈发糟糕。只要事情不合自己的心意，蔡斯就提出辞职，一连提出过五次之多。林肯只有跑去赞扬他，说服他，劝他继续干下去。后来，连林肯都觉得忍无可忍，两人之间话不投机，见面也就显得很勉强。当蔡斯最后一次提交辞呈时，林肯信以为真地“答应了下来”。

这一次，林肯的决定让蔡斯吃惊不小，虚张声势的蔡斯最终自食其果。

参议院财政委员会全体成员一齐步入白宫，抗议林肯的决定。他们认为蔡斯的离职是个悲剧，将导致灾难的发生。林肯起初耐心倾听，让他们说个够。然后，他将自己与蔡斯之间的痛苦经历和盘托出，他告诉大家蔡斯妒恨其公信力，蔡斯就是想掌握国家大权。

林肯说：“他要不就是决心想惹恼我，要不就是要我拍着他的肩膀哄他留下来。我认为自己没有必要这么做。我认为他的请辞是认真的，他在内阁已经起不到任何作用,以后别再提及此事了。如果有必要,我愿意辞去总统的职务,我一刻也不想忍受现在这种工作状态。我愿意回到伊利诺伊的小农场靠种地和养牛糊口。”

对于这位羞辱过他的男人,林肯的看法又是如何呢?林肯说:“在我所知的伟人当中,蔡斯顶得上一个半佼佼者。”

尽管曾经心灵受伤,林肯作出了其事业生涯中最漂亮、最宽宏大量的一个决策。为了蔡斯,他行使了一次美国总统的最高权力,任命蔡斯为美国最高法院的首席大法官。

但是,与暴躁的斯坦顿相比,蔡斯只不过是只温顺的小猪。粗壮如牛的斯坦顿,有着如动物般凶猛的性格。

斯坦顿天生个性鲁莽、乖僻。小时候,其当医生的父亲在谷仓里悬挂一副人体骨架供他把玩,目的是让他日后也成为一名医生。年轻时,斯坦顿玩闹不休,与伙伴们大谈人体、地狱之火和洪水。继而,他出走哥伦布、俄亥俄,在书店里打工,租住在私人房屋。有一天早上,他出门不久,房东的女儿便罹染霍乱死了。当斯坦顿晚上回去吃晚饭时,这名女子已经下葬多时。

斯坦顿怎么都不相信这个事实。

他担心房东的女儿被活埋了,于是他找来一把铲子,不顾一切地连续挖了数个小时,直至见到女孩的尸首方才罢休。

数年之后,其女儿露茜去世,斯坦顿伤心欲绝。尽管女儿已经入土长达十三个月之久,斯坦顿还是将尸体掘了出来,置放在自己的卧室里长达一年多。

夫人过世后，斯坦顿每晚都要将她的帽子和睡袍放在床上与他共眠，他常常抱着夫人的遗物长时间哭泣。

他的举止令人觉得不可思议，有人说他近乎疯狂。

林肯和斯坦顿是在一次有关专利的诉讼中结识的，他俩和来自费城的乔治·哈丁留下来为被告辩护。林肯以满腔的关注和热情仔细研究过这桩诉案，因而有很多话要说。但斯坦顿和哈丁瞧不起他，把他冷落在一边，羞辱他，根本不让他在庭审时插任何一句话。

林肯给他俩送去自己的发言稿，但他俩认为那是一堆垃圾，根本没有必要看上一眼。

他们从不愿意和林肯一道前往法院，也不邀请林肯光临他们的住处，他们甚至不和林肯同桌就餐。他们对待林肯的方式，和对待被社会淘汰的流浪者的方式一模一样。

林肯也在场的时候，斯坦顿就说过："我不会和这样一个该死的笨拙长臂猿交往。在处理案件时，如果和我共处的人不是位像模像样的绅士，我就只有放弃工作。"

林肯说："在此之前，我从来没有被人如此粗鲁地对待过，斯坦顿是第一人。"由于屡屡蒙受屈辱，他只有选择回家，从此心境一直郁闷难堪。

林肯当选总统之后，斯坦顿对他的蔑视和厌恶感日益加深。他称林肯为"一个令人痛苦的蠢蛋"，大肆叫嚣林肯完全没有能力处理国事，应该由军事独裁者取代他的职位。斯坦顿三番五次地揶揄说，杜·谢吕（当时美国的生物学家）大老远跑去非洲寻找大猩猩，简直就是愚蠢之事，因为大猩猩这会儿正端坐在白宫给自己挠痒痒呢。

在给布坎南的信中，斯坦顿大肆攻击总统，其言语实在很恶毒，无法在此一一转述。

林肯就任十个月的时候，政府机构发生了一起引发全国人民公愤的丑闻：有人从战争防御合同中欺诈牟取暴利，国家损失几百万美元！

除此之外，林肯和时任战争部长的西蒙·卡梅伦在武装奴隶这一问题上产生意见分歧。

林肯要求卡梅伦辞职。这就意味着必须寻找新人担任战争部长。林肯明白，这个国家的未来可能要取决于自己的选择。他也准确地知道这个新人该是谁。他对其中一位好友说："我已经下定决心放下架子，或许还有一部分自尊，我决定任命斯坦顿为战争部长。"

事后证明，这是林肯一生中最明智的一次任命。

斯坦顿在战争部刮起一阵龙卷风。他挺立在战争部办公室，其四周战栗的职员，仿如东方国度土耳其高官手下的奴隶。他夜以继日地工作，拒绝回家，吃喝拉撒全在办公室，眼瞧着这些游游荡荡、装模作样却又软弱无能的军中蛀虫，斯坦顿不禁怒火中烧。

斯坦顿向这班窝囊废发起全方位炮轰。

对那些爱管闲事的国会议员，斯坦顿给予臭骂；对那些狡猾不守信用的承包商，他毫不留情地发起猛烈的痛击，并追讨损失。他还无视宪法，不管高官还是将军，只要犯错，不用经过任何审判，一律送进监狱，长达数月。他教训麦克莱伦的架势仿佛是在训练一个军团。他告知麦克莱伦必须前去应战，下令"在波托马克军中禁止喝香槟、吃生蚝"。他切断所有的铁路干线，掌管一切电报设施，让林肯能够向战争部自由收发电报。他统领军中大小事务,若没有得到他的认可,格兰特的任何一个命令都不准许下达至副官的办公室。

斯坦顿经年忍受着头痛的折磨,还患有哮喘,消化机能也欠佳。

然而,此刻的斯坦顿就像一台发电机。他浑身活力四射,激情澎湃,大刀阔斧地挑刺、攻击,直到南方各州回到联邦的怀抱。

为了实现这一目标,林肯可以忍受任何屈辱。

有一天，一位国会议员说服总统施令，禁止斯坦顿调遣某些军团的兵力。得到允许之后,这位议员跑到战争部,将命令摆放在斯坦顿的办公桌上。可是,斯坦顿却振振有词地说,他不会唯命是从。

“但是,”这位政客反驳道,“你忘了?这可是总统的命令。”

斯坦顿不吃这一套,他说:“如果总统下达了这样一个命令,那他就是饭桶。”

议员急忙回去向林肯报告,原以为林肯会无比气愤地将斯坦顿革职。

可是,听完议员的“告状”,林肯两眼放光,说:“如果斯坦顿说我是饭桶,那我一定就是了。他做得对,我要亲自去见见他。”

他果真去拜见了斯坦顿。斯坦顿和他分析其错误之处,他信服了,并收回了命令。林肯意识到斯坦顿非常厌恶受到干扰,所以他放开双手让斯坦顿自行其是。

“我不能够再给斯坦顿增添麻烦,”他说,“他正在处理当今最棘手的事情。成百上千的将领,因为没有得到升职而责备他;另外,还有成百上千的士兵,因为没有被委任要职而责难他。他所承受的压力无法估量,而且永无休止。他是我们国家海滩上的岩石,遭受着海浪无穷无尽的冲刷,他在抵挡海水对大地的浸淫。我不知道他是如何生存下来的,他怎么没有被重压摧垮?没有他,我必将完蛋。”

偶尔,林肯也会坚持自己的立场,但他会伺机出击。如果“老火星”说自己不想再干下去了,林肯就会冷静地回答:“我认为,部长先生,你必须干下去。”

而斯坦顿就乖乖地接着干下去。

有一次,总统签发了这样一道命令:“不能有任何‘如果’、‘并且’或者‘但是’,现任命埃利奥特·W.莱斯上校为旅长——亚伯拉罕·林肯。”

还有一次,总统去信斯坦顿,要求给某人一项任职,“不管他是否知道凯撒大帝的头发长得啥样”。

那些当初瞧不起林肯的人,包括斯坦顿和苏厄德在内,终于明白林肯是多么地令人敬畏。

当林肯弥留之际、躺在福特戏院对面马路的一间房子里的时候,铁腕斯坦顿说:“这里躺着一位世上最优秀的人类领袖。”可是,当初他却讥讽林肯是“一个令人痛苦的蠢蛋”。

约翰·海是林肯身边的一名秘书,他形象地描述过林肯在白宫工作时的情形:

> 他工作起来毫无章法。在四年的光阴里,尼古拉和我拼尽全力才让他采纳一些规则,而有些规章制度刚刚制定下来就被他打破。尽管民众不断向他提出无理要求或是无理取闹,他却不赞成任何阻隔他和

民众接触的条文。

他极少写信，对于雪片似的来信，其阅读率不及五十分之一。起初，我们尽量将信件交给他，可他最终还是将信件退还给我。回信上面只有他的亲笔签名，阅读和回复的工作全由我来承担。

每周他大概写六封信，不会超过此数。

遇到繁琐的事务须处理，而处理地又远离华盛顿时，总统就会将任务交给尼古拉和我，吩咐我俩以信函的方式处理问题。

总统通常在十点五十分之后就寝，次日早起。当他居住在乡间士兵营房的时候，早餐过后，他便骑马前往华府，八点左右可以到达办公地点。他的早餐非常简单：一只鸡蛋，一片烤面包，一杯咖啡，仅此而已。冬季他就住在白宫里，不会特别早起。他睡眠质量不好，仅仅是躺在床上而已……

总统的午餐只是一块饼，冬天的时候外加一杯牛奶，而夏季就换成一些水果……在饮食方面，他相当节俭，是我所认识的男人中吃得最少的一个。

除了水，总统不喝任何饮料，这并非纪律使然，而是他不喜欢红酒，也不喜欢烈性酒。

有时候，总统会去听一场演说、一场音乐会或者一场戏剧表演，为的是稍作休息。

总统极少看书读报。除非我的提醒，他罕有留意报刊。他常常说："我比他们当中的任何一个人都要懂得多。"真奇怪，人们竟然会认为他是个谦虚之人。伟人从来都不谦虚。

22

现如今，如果问一位美国普通公民打内战的原因，几乎人人都会这样回答：为了解放奴隶。

真的是如此吗？

让我们来瞧瞧。林肯在其第一次就职演说中讲过："无论直接还是间接，我都无意干涉美国当今现存的奴隶制状态。我认为自己没有权力这么干，我也不打算这么干。"

事实上，在林肯签发《解放黑人奴隶宣言》之前，轰鸣的枪炮声以及伤亡者的呻吟声已经持续了十八个月之久。期间，激进分子和废奴主义者极力要求他立即采取行动。他们在媒体抨击他，在公众场合里斥责他。

有一次，一个芝加哥牧师代表团来到白宫，宣称是神圣的上帝要求马上解放奴隶。林肯告知他们，如果上帝要下达旨意，他会直接去上帝的总部迎接。上帝不可能绕个大圈子，将旨意从芝加哥传过来。

霍勒斯·格里利无法忍受林肯的拖沓，以及在废奴这件事上的不作为，他在报刊上发表题为《二千万人民的祈祷》的文章攻击总统，抱怨和愤慨的文字占据了报纸的整整两个版面。

林肯对格里利的回复堪称经典之作——言简意赅,激情澎湃。其结尾之处令人回味无穷,难以忘怀:

这场斗争至高无上的目标并非解放奴隶,也并非废除奴隶制,而是挽救这个国家的统一。如果无需解放任何一名奴隶,就可以拯救这个国家的和平统一,我乐意为之;如果通过解放所有的奴隶,就可以拯救这个国家的和平统一,我乐意为之;如果只解放一部分奴隶而不用理会其他奴隶,也可以拯救这个国家的和平统一,我同样乐意为之。我坚信,我为奴隶制和有色人种所做的一切,有助于拯救这个濒临分裂的国家;我坚信,我所承受的一切也有助于挽救国家的统一。我认为,对于有损这一伟业的事情,我应该少做一些;而对于有利于这一伟业的事情,我认为应该多做。错误一旦现形,我就应该努力更正;而新颖的观点一旦被确认为真理,我就会尽快采纳。

我在此依据职责所需陈述自己的观点,我无意更改自己惯常表述的个人愿望:这个星球上的所有人都应该是自由的。

林肯认为,如果他能够在挽救国家统一的同时抑止奴隶制的蔓延,那么奴隶制终有一天会自然死亡。但是,如果这个国家一旦被摧毁,奴隶制则有可能再持续好几个世纪。

北方仍有四个州保留奴隶制,所以林肯意识到,如果他过早地签署《解放黑人奴隶宣言》,反而会迫使这四个州加入南部邦联,从而增强南方的力量,逼使国家走向分裂。当时,国内流行着这样一种说法:林肯愿意上帝和他站在一起,同时也一定不能失去肯塔基。

所以,林肯小心翼翼,伺机而行。

林肯岳父家所在的州就是奴隶制地区，其岳父就是通过奴隶的买卖赚取收益而购置房产的。而林肯最亲密的朋友乔舒亚·斯皮德,其家里就有不少奴隶。林肯对南方人的观点可以说是感同身受。此外,作为一名律师,他对宪法、法律以及财产都有着深厚的、传统的尊敬。他希望自己的执政不会给任何一方带来艰难和困苦。

他认为,就奴隶制在美国存在这一问题,北方和南方同样都应该受到指责;而为了废除奴隶制,双方的付出以及所承担的职责都应该均等。所以,他以最快的速度拟定了一份合乎自己心意的计划。根据该计划,奴隶主每放弃一个黑奴就可以得到400美元的补偿，而解放奴隶的进程可以尽可能地缓慢,整个过程可以一直延续至1900年1月1日。林肯召集南、北边境各州的代表到白宫讨论,请求代表们同意他的提议。

林肯解释说:“这种变迁是温和的,就像天堂的雨露,它不可能分裂或破坏任何东西。难道您不愿意接受它吗?在过去的光阴里,我们好事做得太少。现在,在上帝的庇护之下,该是您行使特权做好事的时候了,但愿美好的未来不会因为您那短浅的眼光而悲伤。”

但是,代表们否决了全盘计划。林肯感到很失望。

“如有可能,我必须拯救这个政府,”林肯说,“而且我可以让民众理解和相信,在这场斗争中,我永远不会投降,也绝对不会保留任何一张出击的王牌……我认为,解放奴隶和武装黑人是当今必不可少的军事需要。我别无选择,要么废除奴隶制,要么眼看着国家四分五裂。”

林肯必须立即行动,因为法国和英国都准备承认南部邦联的合法性。为何?理由非常简单。

以法国为例。拿破仑三世想向外炫耀其妻子玛丽·欧仁尼的美貌,因为她被誉为世上最美丽的女人。此外,拿破仑三世还梦想效仿其举世闻名的叔叔拿破仑·波拿巴而成为盖世英雄。所以,眼见着这个国家南北各州相互挥砍,拿破仑三世明白,美国政府已经无心维护"门罗主义"的原则。于是,他派兵进驻墨西哥,枪杀了好几千当地土著居民,从而征服了整个国家,墨西哥从此号称法兰西属下的一个帝国,其首任帝王是马克西米利安大公。

拿破仑三世据理推断,如果南部邦联获胜,南方人就会喜欢他在墨西哥的帝国,但是如果联邦国军取胜,美国立马就会介入南美事务,将法国人逐出墨西哥。所以,拿破仑三世希望南方各州尽早从合众国中分离,他乐意尽其所能地帮助南部邦联如愿以偿。

战争伊始,北方海军即封锁了南方所有的港口,驻军把守着 189 个码头以及 9614 英里的海岸线。

这是当时世界上最庞大的军事拦截工事。

南部邦联急得像热锅上的蚂蚁。他们无法出售棉花,也无法购买到任何枪支弹药、医疗药品、衣物和食品。他们没有咖啡豆煮制咖啡,只好煮些板栗和棉花籽来代替咖啡。他们也没有茶叶泡茶,只能熬些黑莓叶和黄樟根权且当茶。报纸只能印在墙纸上。他们没有盐吃,只能刨些烟熏般乌黑的屋子里的尘土,和着烤肉的油滴一起泡煮,以求得到零星的盐粒。连教堂的大钟,都不得不被扔进熔炉里铸造大炮。里士满通街的汽车都被打烂、拆卸,拼装成装运弹药的船只。

南部邦联根本无法打理自己的铁路干线，也无从购买新的设备，所以境内交通几乎瘫痪。在佐治亚州，一蒲式耳谷物售价为 2 美元，但是在里士满却可以卖到 15 美元。弗吉尼亚人在忍饥挨饿。

南方人不得不采取一些措施以解燃眉之急。他们声称，只要拿破仑三世承认南部邦联，并且让法国舰艇开出一条航道，南方各州就送给对方价值百万美元的棉花。此外，他们还答应帮助拿破仑三世，让法国的每一座工厂都夜以继日地运转起来。

于是，拿破仑三世促请俄国和英国加盟承认南部邦联。英国的统治贵族们，在听完拿破仑的激情鼓动之后，便调整了奋斗目标。美国正变得太富裕、太强大了，惹得他们眼红难耐。他们就是想看着这个国家分裂，看着联邦解体；再者，他们也需要南方的棉花。英国已经倒闭了不少的工厂，百万英国人不仅终日无所事事，而且还穷困潦倒。孩子们嗷嗷待哺，成百上千的人被饿死。人们到处散发食物征购单，食品的征购地甚至到了世界最偏僻的角落——印度和中国。

要得到美国的棉花只有一条路，只有唯一的一条路可行，那就是和拿破仑三世一道承认南部邦联的合法性，并且开拓出一条新的航道。

果真如此的话，美国的命运会如何？到时，南方人可以得到枪支弹药、食品、铁路设施、信贷，南方人从此便可以信心百倍、斗志昂扬地继续保有奴隶制度。

而北方人又会得到什么呢？新的敌人，强大无比的两组敌人，现在已经足够糟的形势将无药可治，一发不可收拾。

对于这一点，林肯比任何人都看得明白。他在 1862 年就承认："我们该出最后一张牌了。我们要么改变策略,要么输掉这场游戏。”

对于英国来说,所有的殖民地都是从她那儿独立出去的,现在是轮到南方殖民地从北方分离出去的时候了,北方正努力作战强迫南方臣服。对于伦敦的君主和巴黎的王子来说, 田纳西州和得克萨斯州被华府统治和被里士满统治有何区别?压根儿就没有。对他们来说,战争只是意味着冒险,没有任何其他意义可言。

卡莱尔写信给林肯说:“这场战争在我看来是愚蠢至极的。”

林肯认为,欧洲对这场战争的态度必须有所改变,他知道该怎样行事。欧洲有一百万人看过小说《汤姆叔叔的小屋》,他们在泪流满面的阅读中了解了奴隶制的非正义性,从而萌生出对奴隶制的深恶痛绝。所以林肯认为,如果他签署《解放黑人奴隶宣言》,欧洲人则会从另外一个角度来看待这场战争,从而终止一场与他们毫不相干的、充满火药味的争执——联邦是否应该解体?奴隶制也就顺势走向灭亡。如此,欧洲各国政府也就不敢贸然认可南部邦联。公众舆论也绝对不会容忍他人协助一个民族,为保留阻止人类进步发展的绊脚石而战。

所以,1862 年 7 月,林肯决定签署宣言。但是在当时,麦克莱伦和波普相继吃了败仗,因此苏厄德认为这不是颁布宣言的有利时机,他告诉总统,应该等候至国军势如破竹、节节胜利之时再签署宣言。

听起来这颇有道理,所以林肯拭目以待。两个月之后,胜利的喜讯传来。林肯召集内阁全体成员,一起讨论在美国历史上自《独立宣言》以来最具影响力的文件。

这是一个庄严的历史性时刻,可林肯并没有郑重其事地对待它。无论何时读到一则好故事,他都要和人分享。睡觉前,他往往要看一会儿阿蒂默斯·沃德的书,每当读到一些小幽默,他便会披衣下床,穿越白宫的大厅,来到秘书们的办公室,将笑话读给下属们听。

在内阁讨论《解放黑人奴隶宣言》的前一天,林肯拿到了沃德的最新一卷,其中有一则故事林肯认为非常之逗。于是在开会之前,他将故事念给大伙听,故事的标题为“尤蒂奇城里的高压暴行”。

一阵大笑之后,林肯将书摆放在一边,开始严肃认真起来。他说:“当叛军驻扎在弗雷德里克堡时,我就下决心要尽早将敌人赶出马里兰州,尽早发表《解放黑人奴隶宣言》。我没有对任何人谈起过这件事,我只是向自己起誓。现在,叛军已经被逐出马里兰州,该是我兑现承诺的时候了。大伙已经听过我起草的文稿,我衷心希望得到大伙的建议和忠告。我所写下的内容,真实地反映了我的决心所在。但是,如果在细节上或是我所使用的表达方式上,你们认为最好作些修改,我乐意接受大伙的建议。”

苏厄德建议在措辞上作一个小小的修改;数分钟之后,他又提出第二个措词上的变动。

林肯询问苏厄德,为何没有将两个建议同时提出来。紧接着,他将讨论打断,说是要讲个故事:在老家印第安纳,一名长工告诉农场主一头小公牛死了。过了一会儿,长工又说另一只小公牛也死了。

“那你为什么不一口气全告诉我两只牛都死了呢?”农场主问道。

“哦,”长工答道,“我不想在同一时间里告诉您太多而令您伤心。”

林肯于 1862 年 9 月向内阁提交宣言草稿,不过宣言一直到 1863 年 1 月 1 日才正式生效。他在呼吁国会支持的讲话中说出了一生中最伟大的一句话——一句诗一般的言语。

在谈及这个联邦国家的时候，他说："对于这个星球上最后的希望之所在，我们只有一个选择：神圣地拯救她，或是卑鄙地失去她。"

1863 年元旦，林肯花去好几个钟头和聚集在白宫的来访者握手言欢。临近黄昏时分，他退回办公室准备签署自由宣言。犹豫片刻之后，他转过身来对苏厄德说道："如果奴隶制没有错，那么这世上就没有任何事情是错误的了。我感觉这是我有生以来做得最正确的一件事。自今天早晨九点钟以来，我一直都在迎来送往、握手不断，这会儿，我觉得自己的手臂已经麻木得没有了感觉。可这次签名是需要经受严格考证的，如果人们从笔迹中发现我的手在颤抖，他们会说'他有一丝后悔'。"

他让自己的右臂稍事休息之后，轻缓地在文件上签上了自己的姓名——让三百五十万奴隶获得自由。

当时宣言并没有得到广泛的认同。林肯最亲密的朋友、最大的支持者之一奥维尔·H.布朗宁认为，唯一的影响是它激怒了南方，让南方人更加团结，也分裂了我们北方的人民。

军中发生了一次兵变。那些应征入伍拯救国家的人发誓，不会为解放黑人、让黑人享受平等待遇挺身而出，甚至战死疆场。成千上万的士兵逃跑，在任何地方征兵都成了一个特大问题。

那些林肯曾经赖以信任的平民百姓也让他彻底失败。在秋季的选举中，他一溃千里，甚至在他的家乡伊利诺伊州，人们也将共和党遗弃。

就在选举惨遭落败之际，战局也出现了灾难性的逆转——在弗雷德里克堡，伯恩赛德向李发起鲁莽进攻，结果损兵折将达一万三千人之多。这是个愚蠢的举动、无谓的牺牲。这类事情至今已经持续了十八个月之久,难道还不可以结束吗?举国上下一片震惊,人民绝望了。总统处处都受到猛烈的攻击,他已经输了。他们的将军已经失败了,他的政策已经不起任何作用了,人民再也无法忍受这一切了。参议院里的共和党人纷纷站起来表态,他们逼迫林肯滚出白宫,要求林肯解散内阁,改变政策。

这是令人蒙羞的沉痛打击。林肯承认,这是其政治生涯里最令他烦恼的一件事。

他说:“他们想赶我走,而我几乎就想顺应他们的要求。”

霍勒斯·格里利现在深深地后悔自己在1860年强迫共和党提名林肯。

“这是一个错误,”他承认道,“我一生中犯下的最大错误。”

格里利以及一群共和党权势人物组织了一场运动,逼迫林肯辞职,让副总统哈姆林入主白宫, 然后再迫使哈姆林授权罗斯克兰斯为联邦国军的总指挥。

林肯承认:“现在我们处于毁灭的边缘, 如果连我都认为神圣的上帝在反对我们,那我几乎已看不到任何一线曙光。”

23

1863 年春季，在节节胜利的鼓舞之下，南部邦联的李将军决定向北方发起总攻。他计划夺取富饶的制造业中心宾夕法尼亚，从而为其衣衫褴褛的将士添置食物、药品以及衣料，有可能的话再拿下华盛顿，从而迫使英、法两国承认南部邦联的合法地位。

这是大胆而鲁莽之举！南部邦联吹嘘说，其一个士兵就可以砍倒三个北方佬，他们对此坚信不疑。所以，当官员告诉士兵们，抵达宾夕法尼亚后，人人都可以一天吃两顿牛排时，他们迫不及待，恨不得马上启程。

李将军离开里士满之前，他的家乡传来令其不安的消息：他的一个女儿被人们当场逮住在阅读小说。这位气度非凡的将军坐立不安，他伏案疾书，哀求女儿将空余时间用在阅读不招人疑怨的古籍上去，诸如柏拉图、荷马等人的著作。信写完之后，李如常地朗读《圣经》，双脚下跪祈祷。在熄灭的蜡烛的袅袅烟雾中，他进入了梦乡……

现在，他和七万五千将士一齐出征，把波托马克军打得落花流水，举国上下恐慌连连。农场主们纷纷牵着牛、羊、马逃至坎伯兰山谷；而黑人呢，他们瞪大着惊恐的眼睛四处乱窜，唯恐被抓而再一次沦为奴隶。

李的轰轰大炮声已经传到哈里斯堡，但联邦国军威胁要剪断南部邦联的通信线路。得悉此事，李暴跳如雷，仿如一头狂怒的公牛要调转身来吞噬紧随其后的一只小狗。可就是那么巧，这头公牛和那只小狗相遇在宾夕法尼亚一个宁静的小山村，一个名叫葛底斯堡的地方，一个神学的发源地。公牛和小狗在那里交战，造就了美国历史上最著名的一次战役。

在前两天的恶战中，联邦国军损兵多达两万人。第三天，李寄望于乔治·皮克特将军，希望他带领一批新近增援的猛士一举将国军彻底击垮。

这是李的新战术。至今，他已和将士并肩作战于胸墙之后和深山密林之中。这会儿，他决定发起一次不遗余力的冲锋。

这一想法引起了李将军最得力的助手朗斯特里特将军的忧虑。

“我的天哪！”朗斯特里特大喊道，“李将军，瞧瞧我们和北方佬之间那不可逾越的障碍：陡峭的山峰层峦叠嶂，密密麻麻的枪支大炮，厚实的防御工事。我们是以步兵和敌军的炮兵对抗。瞧瞧这战场，野外将近一英里的距离，到处都布满了手榴弹和子母弹。我认为，没有一万五千兵力，这个战场根本无法拿下。”

可是李将军决心已下。“军中以往从没有如此优秀的士兵，只要引领得方，他们就可以战无不胜。”

李坚持己见，也铸成了其事业生涯中最惨痛的错误。

南部邦联已经在塞米纳里山脊齐集了一百五十门大炮。如果您造访葛底斯堡，还可以见到它们纹丝不动地摆放在原地，一如那个致命的 7 月天下午时分的模样。当年，它们所组成的掩护性大炮网的密集程度是史无前例的。

此时,朗斯特里特的判断力高于李将军。他认为,这次进攻除了无谓的牺牲之外,别无所获。他俯首哭泣,根本不想发号施令。结果,另一将领取代了他的指挥职位。朗斯特里特服从命令,交出了部队,从而导致了西方世界里最沉重、最具灾难性的一次军事失利。令人不解的是,这次率领南部邦联军进攻国军的将领,是林肯的一位老朋友。事实上,林肯有机会让他晋官于西点军校。这位名叫皮克特的人是个性情中人,他有一头金棕色的披肩长发。在战场上,他几乎每日必写情书一封,信中的言语炽热如火。那天下午,当他把将军帽右倾至耳根、洋洋自得地出现在塞米纳里山脊之际,他那忠心不二的部下欢呼雀跃个不停。一排又一排的士兵,在阳光下身背寒光闪闪的刺枪,挥舞着军旗紧随其后。这是个壮观、强大而无所畏惧的场面,就连联邦国军看见了都可能发出艳羡的感叹。

皮克特的军队轻而易举地穿过了果林、田垄、草地,还跨过了深谷。一直以来,他们的大炮都在为将士们开路,炮轰之处窟窿洞见。军队以坚实的脚步向前迈进,他们所向披靡,势不可挡。

突然间,隐蔽于塞米纳里山脊城墙之下的联邦国军,向皮克特手下毫无防范意识的军队发起连番炮击。交战的山头火光冲天,简直就是一座屠场,一座熔浆四迸的火山。数分钟之内,皮克特手下的指挥官就只剩一人幸免于难,其手下五千士兵中的五分之四相继倒下。

指挥官肯珀手下倒了一千人,指挥官加内特手下也倒了一千人,指挥官阿米斯蒂德只好在恐怖的火光和弥漫的烟雾中率领残存的将士冲出重围。阿米斯蒂德攀上城墙,挥舞着挂着军帽的刺刀大吼:“将士们,给他们点儿颜色瞧瞧!”

将士们依令行事。他们跳过城墙,和敌人拼起了刺刀,将南部的军旗插在了塞米纳里山脊的阵地上。

可是,军旗只在阵地上空飘扬了一会儿——一会儿也好,因为它记录了南部邦联在内战中的“最高地位”。

皮克特英雄式辉煌的进攻最终走到了尽头。李将军输了,他无法逾越北方,他终于明白了这一点。

南部邦联的末日来临了。

皮克特手下遍体鳞伤的士兵们,挣扎着退出置人于死地的进攻战场。李将军独自一人骑上战马前往迎接。为了鼓舞斗志,李以略带庄严的口吻自责道:“所有这一切都是我的错,是我输掉了这场战斗。”

7 月 4 日夜晚,李的军队开始撤退。天下起了倾盆大雨。当他抵达波托马克时,雨水已经四处暴涨泛滥,他和军队无法前进。

李和部下被一条无法逾越的河流挡住了前路, 那仿佛就是掉进了陷阱里——一支刚刚获胜的敌军对其紧追不放。不过,米德似乎要放南部邦联一条生路。

林肯对目前的战果极为满意。他相信,国军会从李的侧翼和尾部进行猛扑,乘胜追击,从而一举拿下残余敌军,让战争戛然而止。如果格兰特当时在场,事态完全有可能朝着林肯的思路发展。

可是,这位学究味十足、爱慕虚荣的米德,一点儿也不像大炮勇士格兰特。整整一个星期,林肯天天催促他发起追击,可他就是太小心翼翼,太胆小怕事。他不想作战,犹豫不决,找出万般借口——纠集了一班人成立所谓的

"战场委员会"——与林肯的命令直接对抗。整整一周,他碌碌无为。待河水退去,李的大队人马早已逃得无影无踪。

林肯被激怒了。

"这是怎么回事?"他大喊道,"我的上帝!这意味着什么?敌军已经被我们控制在手中,只要稍微使把劲,敌军就会变成瓮中之鳖。可是,不管我如何劝说、命令,我们的军队就是按兵不动。在那样的情形之下,任何一位将领都可能打败李及其部下。如果当时我在战场,我一定会将敌军赶跑,就凭我一个人,一定行。"

林肯异常失望。他坐下来给米德写信,信中说道:

亲爱的将军,我相信您不可能激赏于李的溃逃。他曾经就在我们的眼皮底下,拿下他易如反掌;并且,将他拿下之后还可以带来更进一步的成就——结束战争。事到如今,战争注定要延期。上周一,您已未能成功袭击李,那您又怎能在波河的南岸将其拿下?到时您手下的兵力仅仅是原有的三分之二强。现在没有理由期待,而且我也不希望您能够成就此事。您的黄金期业已逝去,正因为此,我的沮丧难以名状。

写毕此信,林肯推窗远眺,心想:"如果我处在米德的位置上,如果我和米德的脾性相仿,而懦弱的下属又不断地善意提醒,如果我和米德一样彻夜不得安眠,如果我也见证过血流成河的景象,我也有可能让李及其部下逃命。"

这封信从未被寄出,米德从未看过它。它是在林肯去世后的遗留文件中被发现的。

联邦国军将士的尸体全都集中在一个地方临时埋葬。秋天时节,治丧委员会决定为烈士举行送葬仪式,并邀请美国最著名的演说家爱德华·埃弗里特致悼词。

总统、内阁成员、米德将军、国会两党的议员、各类杰出市民以及外交使团成员,均收到了出席仪式的正式邀请。不过,只有极少数人应邀前往。

委员会压根儿就没有料到总统会出席。事实上,他们并没有直接去信给总统本人,总统只是收到一封印刷文稿。在委员会成员的想象中,可能在总统看见此函之前,其秘书就已将它扔进了垃圾篓。

所以,当总统去信说他将出席仪式时,委员会震惊不已,而且还有点儿局促不安。他们该做些什么呢?请他讲话?有人认为他太忙了,不能抽空准备。有些人甚至公开质疑:就算他有空,他有这个能力吗?

是的,他有能力为争取选票在伊利诺伊发表政治演说;但是,他有能力在葬礼上讲话吗?没有。因为这是两个截然不同的演说,致悼词不是林肯的风格所及。但无论如何,因为总统即将到来,委员会还是不得不干点儿事。他们写信告诉总统:埃弗里特先生将发表演说,也希望他作些适当的讲话。他们就是这么写的——“作些适当的讲话”。

这样的信函简直就是污辱,但总统还是接纳了。为何?这背后有个有趣的故事。去年秋天,林肯去过安蒂特姆战场。有一天下午,他和来自伊利诺伊的老朋友沃德·拉蒙骑马外出。他要求拉蒙唱唱那首被其称为“伤心小调”的歌曲,那是林肯一生中的最爱之一。

拉蒙说:“在伊利诺伊巡回办案时,在白宫当我和林肯单独相处时,我常常会哼起这首家乡小调,每每我都会看见林肯眼中泪光盈盈。”

这首歌曲是这样唱的:

托马斯,我已游荡到了村口,
我已坐在了学校操场的树底下,
寻找儿时我俩的乘凉之所;
可是,托马斯,谁也没有来迎候我,
二十年前在绿荫下和我们一齐玩乐的伙伴,
现在已经所剩无几。

托马斯,您知道,在喷泉旁的榆树上我刻下了您的名字,
这之下就是你心上人的名字,
而你也做了同样的一件事。
可是,一些无赖剥去了树皮
树一定会枯死,渐渐地枯死,
就像你二十年前刻下名字的那个人一样。

托马斯,我的眼睑已经干涸多时,
可眼泪还是不断地流;
我想起了曾经相亲相爱的她,
那是一根过早折断的弦;
我造访了那个墓地,

将鲜花供放于坟墓前，

那里躺着我俩二十年前各自恋爱过的情人。

或许，一旦拉蒙唱起这首歌，林肯就会想起自己曾经唯一爱过的女人安·拉特利奇，就会想起她独自一人躺在伊利诺伊大草原人迹罕至的墓穴里。这些闪电般痛苦的回忆，往往会让林肯泪流满面。为了让林肯从悲痛中解脱出来，拉蒙只有转而唱上一首黑人小曲。

这只是纯属偶然的巧合。“伤心小调”与黑人小曲之间没有任何关联，两曲并唱也没有任何恶意。但是，林肯的政敌却恶意歪曲，贬之为下作粗俗之举，妄图将此事化为举国丑闻。整整三个月，纽约的《世界日报》天天都重复报道此事。人们谴责林肯没有良心：正当一批又一批人马忙于埋葬烈士之时，他却在现场哼起了小调，开起了玩笑。

事实上，他根本就没有开玩笑，他自己压根儿就没有唱歌，拉蒙给他唱歌的时候也不在战场，那会儿所有的烈士都已经被掩埋，覆盖尸体的泥土也已经经受了好几场大雨的冲刷。事实就是如此。可是，他的政客需要的并不是事实，他们所要的是血腥的交战。因此，人们对林肯强烈的责备席卷全国。

林肯受到的伤害不轻，他根本无法面对这些攻击，但他认为自己没有必要反击。因为他明白，反击会让对方的形象更显高大，他只有默默忍受。所以，当被邀请在葛底斯堡纪念仪式上讲话时，他欣然答应。这正是他所渴望的机会：让政敌闭嘴，向光荣的死难者表达自己的谦恭情怀。

邀请函到得比较迟，他仅有两个星期准备讲稿。腹稿是忙里偷闲拟出来的——穿衣服的时候，刮胡子的时候，吃午饭的时候，往返于斯坦顿办公室和白宫的时候，坐在战争部的皮革凳子上等待最新电文的时候，林肯都在思考讲稿的内容。他将草稿写在一张淡蓝色的黄铜纸上，然后塞进帽子里随身携带。在发表演说的前一个星期天，他说："讲稿我已经写了两三遍了，可还是没有写完。我得再写一遍直至满意为止。"

纪念仪式的前夜，林肯到达葛底斯堡。小镇人满为患，原来一千三百人的空间现在几乎塞进了三万人。天气很好，月朗星稀，一轮皎洁的圆月高挂中天。只有小部分来客可以找到夜宿的床位，其余绝大部分人只有在村落里来回走动，直至天明。人行道很快就被塞得水泄不通，人们在尘土飞扬的街道上手挽着手蠕行。

整个晚上，林肯都在为讲稿作最后的修改。十一点整，他走向隔壁国务卿苏厄德的房间，向他朗读讲稿并征求修改意见。次日清晨，早餐过后，林肯仍旧伏案改稿，直至有人敲门提醒该是启程的时候了，他才停笔。

纪念大会开始之初，林肯正襟危坐，但是他在鞍椅上的身躯很快就向前倾斜，他的脑袋掉到了胸前，颀长的上肢松散地吊在身体的两侧……他陷入了沉思，他在回忆讲稿，给讲稿再作一次修正。

爱德华·埃弗里特，纪念集会特邀的演说者，在葛底斯堡犯下了两大错误，两个错误都错得太糟糕、太无缘无故。第一，他迟到了整整一个小时；第二，他说了两个小时。

在埃弗里特演说之前，林肯已经看过他的讲稿，因此当埃弗里特的演说接近尾声之时，林肯知道下一位就该是他了。当时，他自认为准备得还不够充足，变得坐立不安起来，在鞍椅上蜷曲着。但是，他很快又恢复了平静——他从"阿尔伯特王子"牌大衣里抽出讲稿，戴上老花镜。

林肯手执讲稿迈向讲坛,但他的演说只持续了两分钟。

在那个温暖的11月的下午,他的听众们是否意识到,彼时,他们所听到的是出自人类之口最伟大的演说? 没有。绝大多数听众当时只有一颗好奇心:之前,他们从没有看见过或听过美国总统的演说,所以他们伸长了脖子注视着林肯。他们惊讶地发现:这么一位高大的男人,却有着如此尖亮的嗓音,而且还夹杂着南方腔调。他们已经忘记了这位总统是肯塔基人,他的语调中仍保持着乡音。正当他们觉得林肯的演说刚刚完成开篇、准备进入主题之时,林肯却坐了下来。

什么?他忘词了?这就是他所说的一切?人们太惊讶、太失望了,以至于忘了鼓掌。

每年春天,在印第安纳老家,林肯都要用锈迹斑斑的犁破土,可是那些泥巴却总是粘在犁壁上,弄得一团糟,"怎么擦都擦不亮"——人们这么形容这般情形。在整个人生当中,每每遇到挫败,林肯便会频频使用这一田园用语。这会儿,他转过身对沃德·拉蒙说:"拉蒙,演说完全失败,'怎么擦都擦不亮',人民很失望。"

他说得对。人人都很失望,包括和他一起坐在平台上的爱德华·埃弗里特和国务卿苏厄德。他们都认为林肯彻底失败,都为他感到难过。

林肯非常沮丧,头痛欲裂。在返程的路上,他不得不躺在火车上的会客室里,并不断地用冷水抹擦头部。

林肯觉得自己走进了坟墓,因为他坚信自己在葛底斯堡一败涂地;并且,就其演说的效果来说,也确实如此。

出于谦虚的品性,林肯真心认为世人不会留意、也不会记住他当时所说的一切,但是世人会记住那些战死疆场的英烈。如果总统有来世,看到他在葛底斯堡那“怎么擦都擦不亮”的演说是举世杰作,他该有多么地惊讶!如果他发现,其中的十个不朽绝句有可能作为内战以来文学史上一座不可磨灭的丰碑,有可能成为人类的瑰宝,他该有多么地惊喜!

林肯在葛底斯堡的演说并非仅仅是一次演说,这是来自一颗伤痕累累的珍贵心灵神圣的表述,这是一首无意识的散文诗,诗文尽显深刻的雍容和华贵:

八十七年前,我们的先辈在这块大陆上创建了一个新的国家。她孕育于自由之中,奉行一切人生而平等的原则。

现在,我们正从事着一场伟大的内战,以考验这个国家,或者说,以考验任何孕育于自由并奉行上述原则的国家能否长久地生存。现在,我们正聚集在这场战争中的一个不朽的战场上。我们在此集会,是为了将这战场的一部分,奉献给那些为这个国家的生存而献身的烈士,以作为他们的最后安息之所。我们这样做,是理所当然、恰如其分的。

但是,从更为广泛的意义上说,我们无法奉献、无法圣化、无法神化这块土地。那些曾在这里战斗过的、勇敢的生者与死者,已经将这块土地圣化,这远不是我们微薄的力量所能增减的。我们今天在这里所说的话,全世界不会注意,也不会永远记住;但是,全世界永远不会忘记这些勇士在这里所做的一切。对于我们这些活着的人来说,倒是应该把自己奉献于勇士们,并以崇高的精神境界向前推进未竟的事业,应该把自己奉献于依旧摆在我们面前的伟大任务——我们要从这些可敬的死者身上汲取更多的献身精神,来完成他们为之献出全部忠诚的事业;我们要在这里下定最大的决心,决不让烈士们的鲜血白流;我们应该在上帝的保佑下,使我们的国家获得自由的新生,使我们这个民有、民治、民享的政府永世长存。

24

1861年内战爆发时，一位衣衫褴褛的失意男子，正坐在伊利诺伊州加利纳的一间皮草店里抽着陶制的烟斗。他就是店铺的唯一店员，除此营生之外，他还从农场贩卖公猪和皮革。

他的两个弟弟，这家店铺的店主，无论如何都不愿让他再待在店里。几个月以前，这位男子一直在圣路易斯的大街上瞎逛，可就是找不到任何工作，他的妻子和四个孩子早已饿得发昏。在绝望中，他借来一笔钱，买了张火车票前往肯塔基向父亲求助。这位老人有的是钱，但他发过誓，坚决不让这些钱给任何人瓜分。他坐下来给远在加利纳的两个小儿子去信，要求他们给自己的长兄找一份工作。

于是，纯粹是出于家庭政治和慈善的考虑，这两位弟弟店主为老哥店员开出了一份工资单。

每天2美元，这就是老哥店员的工钱。这或许大大超过了其自身的价值，因为他根本就没有任何经商的才能。他懒散，邋遢，债务缠身，常常向人借钱，从而弄到人见人怕的地步。

至今，他依然失意，沮丧，他的生活日复一日、年复一年都是如此。

一直都是这样。

好消息和令人振奋的好运气仍然被关在角落里。

顷刻之间,仿如射向苍穹的一颗星星,他发出璀璨的光芒。

这会儿,他没有能力让其家乡的人民对他顶礼膜拜,可是在以后三年的时间里,他却要指挥世上最坚不可摧的军队。

四年之后,他征服了李,结束了内战,他的名字在历史的长河里熠熠发光。

八年之后,他进驻白宫。

之后,他以胜利者的姿态巡游全世界,雀跃的欢呼、勋章、鲜花环绕着他。就是这么一位人们饭后津津乐道者,当年走在加利纳大街上的时候,人们却纷纷避而远之,视而不见。

这确实是个令人震惊的故事。

一切听起来似乎都是那么不可思议。即使他的母亲对他的态度都是那么不正常,她从来都不关心他。就算他当上了总统,她也从不去看望他,甚至在他来到这个人世之际,她也不想叫唤他——他的名字是亲戚给起的。当他六周岁的时候,人们将纸袋撕成条状,在上面写上自己喜欢的名字,并放进帽子里,再从中抽出一张给他定名。其祖母辛普森读过荷马的史诗,于是她在纸条上写上了“希拉姆·尤利西斯”(Hiram Ulysses)。这张纸条被抽了出来。就这样,在家乡的十七年岁月里,他就叫这个名字。

但是他腼腆、迟钝,所以村里人都叫他“无用的”(Useless)格兰特。

在西点军校,他还有另外一个名字。那个让他在军事学校谋得一职的政客认为,他的中间姓氏一定是辛普森,其母亲娘家的姓,所以报到时他的名字变成了“U.S.格兰特”。学员们一听到这个名字便捧腹大笑，他们将帽子抛向空中高呼：“伙计们，我们和‘山姆大叔’在一起啦!”从此，同班同学一直就称他为山姆·格兰特。

他并不在意。他的朋友极少，他不在乎人们怎样称呼他。他也不在乎自己的长相和外表，总是不扣外套的扣子，鞋子也总是脏兮兮的。他极少将枪杆子擦亮，集合点名的时候也总是迟到。他极少去领会拿破仑以及弗雷德里克所运用的军事原理，却一味在阅读《最后的莫希干人》等小说上消耗时光。

令人难以置信的事实是，他一生中从来没有读过任何有关军事方略的书籍。

他率领千军万马赢得了内战的胜利，波士顿市民筹集资金为他建了一座图书馆。人们还专门成立了一个工作组，以了解其藏书情况。但令人惊奇的是，他压根儿就没有一本军事方面的典籍。

他不喜欢西点军校，不喜欢军队，不喜欢任何与之有关的一切。当他功成名就、检阅德国军队的时候，他对俾斯麦说：“我对军事没有足够的兴趣，与其说我是一名战士，还不如说我是一个农民。投身军旅我没有后悔过，但解甲归田我也挺开心——尽管我经历过两场战争。”

格兰特承认自己天生懒惰，不爱学习。就算是从西点军校毕业之后，他还一直犯拼写错误的毛病，例如拼写 knocked 时总是忘记写 k，拼写 safety 时总是漏掉 e。但是，他的数学学得相当不错，还希望有朝一日能成为数学教授。遗憾的是，他就是无法找到和数学打交道的职业，只能待在部队里，一待就是十一年整。他要糊口，而当兵似乎是最容易解决温饱的活。

1853 年，格兰特被派往加利福尼亚州的洪堡要塞服役。军营附近的林子里有个奇人，名叫赖恩。赖恩经营着一家小店，开了个锯木厂，平日里还干些实地调查之类的活，星期天他还要去布道。当时，威士忌酒售价低廉，赖恩就在铺子的后头搁放了一桶开了盖的酒，酒桶边上还捎带挂了个杯子，所以顾客想喝酒时就可以自取。格兰特常常去喝酒。他很孤独，总想忘却那些被他蔑视的军营生活。他常常喝得烂醉，最后军队不得不将他开除。

他身无分文，又没有工作，所以只有重新回到东部的密苏里州，在其岳父近八十英亩的农场里，靠种植玉米和饲养家猪消磨了四年光阴。冬季来临的时候，他就着手伐木，将木材拉到圣路易斯卖给城里人。可是，他的光景一年不如一年，他的债务也越积越重。

最后，他放弃了农活，举家迁往圣路易斯寻找活路。他试着干房地产的买卖，但以失败告终。绝望中，为了找钱支付日常杂货的开销，他只好将妻子的黑奴出租出去。

这是有关内战最令人费解的一件事：李认为奴隶制是错误的，在南北方矛盾激化之前便让自家的黑奴获得了自由之身；可是，当格兰特率领联邦大军摧毁奴隶制时，其妻子手中却有好些黑人奴隶。

内战爆发之际，格兰特正在加利纳的皮革店里郁郁寡欢，他想重新投身军营。

这对于西点军校的毕业生来说并不难，因为当时军中尽是些刚刚入伍、有待修整的新兵。但事实并非如此。在加利纳招募的一批志愿兵，由格兰特进行培训，因为他是镇上唯一知晓军训的人。可是，当这批士兵全副武装开往前线之时，格兰特只有在一旁目送的份儿。这批士兵的头儿另有其人。

格兰特去信战争部，告知其从军经历，并要求委以团长之职。不过，这封信仿如石沉大海，不见回音。直到他成为总统时，此信才在战争部的文件堆里找到。

最后，他在斯普林菲尔德的陆军官长的办公室谋得一职，干些连十五岁的小女孩都能胜任的文书事务。他干活的时候依旧戴顶帽子，不停地抽烟。他那摇摇欲坠的办公桌只有三条腿，只有靠着墙才得以放平稳。他就在那张桌子上抄印文件。

不久之后，一件出乎意料的事让格兰特踏上了成名之路。伊利诺伊州志愿军第二十一军团军容散漫，士兵不听从指挥，和军官对骂，还将古德老将军赶出了军营。士兵们扬言，如果古德再在军中出现，他们就将他倒挂在酸苹果树上。

耶茨州长为此焦虑不安。

州长并不看好格兰特。但格兰特毕竟是西点军校的毕业生，所以州长抱着试一试的心态让格兰特接任。1861 年 6 月，在一个晴朗的日子里，格兰特步入斯普林菲尔德练兵场，指挥那个谁也管不下去的军团。

他手执军杖，腰间紧系印花大围巾——这就是他唯一可见的权威所在。

他没有马，没有制服，也没有钱买这些玩意儿。他那汗迹斑斑的帽子布满细孔，他的双肘露在破旧的大衣外面。

见此情形，其部下开始拿他开涮。有一个家伙在他的背后挥舞拳头，而另一个家伙则紧随其后摆出掀铲的姿势。由于动作太猛，第二个家伙朝前一个趔趄，双肘直冲着格兰特撞去。

对于诸如此类的愚蠢举动，格兰特来了个迅猛的收拾。如果有人不听指挥，格兰特则将他和一根柱子绑在一起，整整示众一天。如果有人骂骂咧咧，他就给那人的嘴巴塞上一块硬东西。如果点名操练的时候有人迟到，那么整个军团的人都得挨饿一整天。格兰特说到做到，有一个团的士兵真的尝过二十四小时滴水未进的滋味。这位来自加利纳的前皮革商贩就是这样驯服这班顽劣之徒的，他以自己独特的方式引领着将士迈向密苏里战场。

这之后不久，又一令人惊叹的好运降临在格兰特头上。那会儿，战争部正准备从成堆的候选人中提拔优秀者担当陆军准将一职。伊利诺伊西北地区已经推举伊莱休·B.沃什伯恩进入国会。沃什伯恩极具政治野心，渴求以优异的工作实绩向家乡父老汇报，所以在国会里他风头出尽。他向战争部提议，其中的一名陆军准将必须来自他所代表的地区，战争部应允。但是，这人该是谁呢？找出这人并非难事：在他的选区只有一人毕业于西点军校。

数天之后，格兰特在一份圣路易斯的报刊内读到了这则令他毫无思想准备的消息：他被提拔为陆军准将。

他是在伊利诺伊州开罗总部受命的，旋即便投入紧张的战事当中。他率领将士乘船沿俄亥俄河北上，攻占帕迪尤卡据点，这是肯塔基州的战略要塞。他提议挺进田纳西州，直达多纳尔森要塞，因为那是坎伯兰河的必经之地。可是，像哈勒克这样的军事专家们却纷纷反对：“胡扯！格兰特，你这是在胡闹。这是不可能办到的，这等于去送死。”

格兰特不理会这些，只顾前进。他夺下了多纳尔森据点，还提拿了一万五千名囚犯。

“我的唯一条件是立即投降，没有价钱可讲。我要你们立马滚蛋！”

南部邦联方面由西蒙·巴克纳与格兰特展开对话。早在西点军校时，巴克纳便在工作接触中认识了格兰特。当格兰特被军队开除时，还是巴克纳代其借钱让他残喘度日的。巴克纳觉得，鉴于当时的恩惠，不管怎么说，格兰特在言辞方面都应该对他客气一些。可巴克纳还是被迫投降了。他原谅了格兰特，整个下午，他都和老同学在一起抽烟，回忆逝去的岁月。

南部邦联在多纳尔森要塞的失守极具深远的意义：它为北方赢得了肯塔基州，还为联邦国军的前进创造了有利条件。国军在没有任何阻拦的情势下长驱直入二百英里，将南部邦联赶出了田纳西州的大部分地区，还阻截了他们的后方给养，致使纳什维尔、哥伦布要塞以及密西西比的直布罗陀相继失守。战局让南方人陷入深深的沮丧之中，从缅因州至密西西比，教堂里的钟声一直哀鸣。

这是一次壮丽辉煌的胜利，其巨大的影响力甚至传到了欧洲。这确实是这次内战中的一个转折点。

从此之后，美国人格兰特便以开出“无条件投降”的条件而著称。他那句名言一直在北方战场的上空回荡：“我要你们立马滚蛋！”

这就是这个国家一直梦寐以求的伟大领袖。国会推举他为少将，他被任命为西田纳西州军部的总指挥，一夜之间成为全民的偶像。有家报刊提及他喜欢在战场中抽烟，只一会儿工夫，人们就给他送去了一万多箱香烟！

可是，喜悦的心境持续不到三个星期，格兰特便遭遇了不公正的待遇：一位心怀妒意的上司气得他火冒三丈。

格兰特的顶头上司名叫哈勒克，一个名副其实的大笨蛋。海军上将福特称其为“军事白痴”。海军部长吉迪恩·威尔斯和他交往频密，他是这样总结哈勒克的：“哈勒克毫无创造力，对未来亦没有任何设想。他百事不干，只会谩骂、抽烟，给自己的双肘挠痒痒。他一事无成。”

可是,哈勒克却认为自己很了不起。在西点军校时,他是名助理教授,写过不少学术著作,有军事策略方面的,有国际法方面的,还有矿藏方面的。他当过银矿矿长、铁路局长,还是位卓越的律师。他懂法语,翻译过拿破仑的大部头典籍。在他本人看来,他,亨利·韦杰·哈勒克,就是一位了不起的学者。

格兰特算啥玩意儿?啥也不是,只不过是一个酒鬼。进攻多纳尔森要塞之前,格兰特前去拜见哈勒克,向他建议下一步的军事行动。哈勒克压根儿就瞧不起格兰特,满腔怨气地草草几句就把他给打发走了。可是这会儿,格兰特已经率领军队取得伟大的胜利,他已经在这个国度里成为高高在上的人。哈勒克呢?他还是待在圣路易斯给自己的双肘挠痒痒,没有人理会他。这让他大为光火。

更为糟糕的是,他感觉这位昔日的皮革二道贩子在羞辱他。他一连好几天给格兰特发去电报,可格兰特就是不理会他的命令——至少哈勒克是这么认为的。事实上,他的想法错了。格兰特曾经对其电文一一作答。但是,多纳尔森一役之后,电报线路出了故障,电文根本无法送出去。哈勒克不明就里,只是一味地恼怒。胜利和公众的盲目崇拜冲昏了格兰特的头脑,不是吗?好吧,那就给这位年轻的暴发户点儿颜色看看吧。于是,哈勒克不断地发电报给麦克莱伦,报告格兰特的种种不是:格兰特傲慢无礼,整天烂醉如泥,不服从命令,“对于这个人的玩忽职守和拖拖拉拉我已经忍无可忍”。

麦克莱伦同样嫉妒于格兰特的人气指数。他去电哈勒克说:“如果有必要,请毫不犹豫地抓他(格兰特),让C.F.史密斯指挥军队。”这是内战历史中最令人震惊的一份电文。

哈勒克很快便软禁了格兰特,这才又心满意足地仰靠在坐椅里自顾自地挠痒痒去了。

彼时,内战已经持续了将近一年,而唯一为北方带来巨大胜利的将军却被革职,当众受辱。

之后不久,格兰特官复原职。可是,在夏洛战役中他输得非常惨重,要不是南部邦联的约翰斯顿将军在交战中因失血过多而丧命,格兰特的整支队伍都有可能被重重包围而遭俘虏。彼时,夏洛是这个国家最大的战场,格兰特的损失让人战栗——他损兵折将多达一万三千人。战役中他毫无章法,人们惊呆了。成百上千的抨击向他涌来,指责他在夏洛战役中喝得烂醉如泥。这是误传,可成百上千的人就是这样认为的。潮水般的激愤之情席卷全国,要求撤换格兰特的呼声一浪高过一浪。但林肯没有同意,他说:“我不能饶恕这个人,他必须去打仗。”

当人们告诉林肯,说格兰特疯饮威士忌时,他问道:“是什么牌子的?我想给其他将军们也送去几桶。”

次年1月,格兰特计划向维克斯堡发起猛攻。高悬于密西西比河河岸二百英尺之上的维克斯堡,是一方鬼斧神工的长形陡壁,令人望而生畏。要塞已经被南部邦联重重设防,北方军运送弹药的兵船根本无法将大炮吊上岸。格兰特的当务之急,就是要设法让队伍尽可能地接近要塞,以方便进攻。

格兰特折回河中,试图从西面徒步前行,但未成功。

格兰特又尝试着切断河堤,命令部下乘船穿越沼泽地,从北面直取要塞。可这一招也不成功。

格兰特责令部队挖出一条运河,试图改变密西西比河的航道。可还是失败了。

那年冬季，天气相当恶劣，雨不停地下，河水浸漫了整个山谷，格兰特手下的将士，在绵延的沼泽中、淤泥里以及荆棘缠绕的森林中摸爬滚打。士兵们在齐腰深的泥泞中跋涉，他们吃在泥泞里，睡在泥沼里，疟疾、麻疹、天花在军中快速蔓延。由于毫无卫生设施，死亡人数多得令人瞠目。

进攻彻底失败——当时喧嚣一时的评论是：一次愚蠢的失败、悲伤的失败、如同犯罪般的失败。

格兰特自己手下的将领——谢尔曼、麦克弗森、洛根和威尔逊——均认为他的计划令人不可思议，按此计划他们只有死路一条。全国所有的报刊都对此事进行尖锐的批评，民众要求撤换格兰特。

“除了我，他所有的朋友几乎都离他远去。”林肯说。

尽管反对格兰特的声音一浪高过一浪，可林肯还是坚持为格兰特撑腰。他的坚持和信念在之后不久便得到了回报。7 月 4 日，也就是懦弱的米德让李撤离葛底斯堡的同一天，格兰特从杰斐逊·戴维斯的种植园策马扬鞭长驱直入维克斯堡。这是自华盛顿时代以来美国将领所取得的最辉煌的战果。

经历长达八个月的痛苦失败之后，格兰特在维克斯堡擒获战俘四万，将整个密西西比河流域牢牢掌控在联邦国军手中，从而将南部邦联彻底瓦解。

举国上下一片欢腾。

国会通过一项特殊法案，授予格兰特中将军衔。这是自华盛顿逝世以来首个享受此等荣誉的人。林肯还在白宫召见了他，并发表了简短演说，任命格兰特为国军总指挥。

之前，格兰特已被告知，他必须就升职一事发言。于是，他从口袋里抽出一张已经被搓揉得皱巴巴的纸条，里头只写了三句话。准备开始读稿的时候,他的脸色由青转红、由红变紫,他的双膝不停地颤抖,他的声音卡在喉咙里出不来,人们眼见的只是那张纸条在一个劲儿地上下抖动。格兰特挪了一下位置,右手紧紧抓住那张纸条,深深地吸上一口气,才将三句话一气读完。

这位来自加利纳的皮革二道贩子觉得，面对枪林弹雨比在十一个人面前发表一个总共才八十四个字的演说要容易得多。

林肯夫人特意为格兰特的华盛顿之行安排了一次社交宴会。可格兰特退避三舍,理由是他必须马上赶回前线。

“但我们是不会放过你的,”总统一再坚持让格兰特留下来参加宴会,“要是你不出席林肯夫人的宴会,那就好比是《哈姆雷特》里没有了哈姆雷特。”

格兰特回答说:“对于我来说，一顿饭就意味着这个国家一天要损失百万美元;再说,这种风头我已经出够了。”

林肯就是喜欢这种言谈举止之人:像他一样注重行动,勇于承担责任,蔑视虚荣和浮夸。

林肯此时信心倍增。他相信,在格兰特的率领之下,一切都会在近期内朝着好的方向发展。

可是,他预计错了。四个月之后,这个国家再一次陷入愁云惨雾之中,而且比任何时候都要绝望。林肯再次彻夜不眠,来回踱步;他失望,沮丧,筋疲力尽。

25

1864年5月，捷报频传的格兰特率领十二万二千将士横渡拉皮丹河。他决意乘胜摧毁李的军队从而一举结束战争。

李和格兰特在北弗吉尼亚的原野交锋。这片原野名副其实：在连绵起伏的山丘和湿漉漉的滩槽地里，长满了茂密粗壮的松树和橡树，树干被层层粗壮的灌木缠结，连兔子都没法在上面跳跃、打滚。在这片阴霾的原始丛林里，格兰特和李的对抗战打得相当血腥和残酷，死伤人数可以说是骇人听闻。由于丛林失火，数百名伤兵最后葬身火海。

战事的次日，坚强的格兰特亦不忍目睹惨况，他待在帐篷里低泣不已。

每战一役，不管结果如何，格兰特都会发出同一个命令："前进！前进！"

战事的第六天，格兰特发出这份著名的电报：就算是战事持续整个夏季，我都要坚守到底！

战事真的持续了整个夏天，而且一直持续了整个秋天、冬天，再延续到次年的初春。此时，格兰特的兵力已经是敌方的两倍，而且在他的后方，联邦国军征集了一个巨大的阵营，随时听任他的调遣。而南部邦联呢？他们的兵源几乎已经枯竭，给养也濒临断线。

格兰特说:“那些暴民已经开始抢劫摇篮,挖掘坟墓。”

格兰特认为，结束战争的唯一方式，就是不断消灭李的兵力直至李投降。这是最为快捷的终止战争的方式。

北方军与南部邦联军的死亡比例如果是一比一，那么格兰特有能力弥补损失,但李就无可奈何了。于是,格兰特一如既往地轰炸、拼杀。

在前六周的时间里，他损兵五万四千九百二十六人——那是李的整个军队的总人数。

在科尔德港,一个小时之内,他的七千将士葬身枪海,这比葛底斯堡一役南北交战双方三天里的死亡总数还要多出一千人。

这令人惊恐的损失,意义何在?

我们应该让格兰特自己来回答这个问题:“没有任何意义。”这就是他的回答。

科尔德港一役是他军事生涯中最沉重的一击。

如此杀戮是人类灵魂和人类自身无法容忍的,它导致军中士气锐减,兵变随时都有可能发生,将领们几乎都想群起而反抗。

格兰特手下的一位指挥官说:“整整三十六天了!葬礼没有一天中断过。”

林肯尽管心力交瘁,但他认为只有继续作战,别无选择。他电告格兰特:“继续作战,咬住对方紧追不放。”接着,他发出号令,再度征兵五十万,服役一到三年。

号令让举国上下忐忑不安,人们感觉自己深陷于绝望的深渊。

林肯的一位秘书在日记中写道:现在处处是黑暗、疑惑和绝望。

7月2日,国会通过一项决议,它听起来就像是《旧约》中希伯来悲伤的预言。决议要求民众:"承认和忏悔他们无数的罪过,恳求伟大上帝的仁慈和悲悯,哀求这世上至高无上的决策者不要毁了这个民族。"

此时,无论在北方还是南方,林肯均遭到咒骂。人们指责他是卖国贼,是篡位之人,是暴君,是撒旦,是野兽,"是一名沾满鲜血的屠夫,他的屠刀刀刃上和刀柄上已经溅满战士的鲜血,可他那支屠刀般的笔却仍在号令更多无辜的死难"。

某些林肯的宿敌叫嚷说,必须将林肯宰了。有一天晚上,当林肯策马前往"士兵之家"总部时遭到暗算,一颗子弹从他的丝绒礼帽帽沿穿过。

数周之后,宾夕法尼亚州米德维尔地区的一位旅店店主,在一个房间的窗台上发现了这么一张字条:1864年8月13日,亚伯拉罕·林肯服毒身亡。房间是一名当红演员租住的,名叫布思——约翰·威尔克斯·布思。

就在这一年的6月,共和党提名林肯参选总统的第二任期。但此时,他们已经感觉自己犯了一个错误,一个可悲的错误。政党内部某些显赫人士强烈要求林肯退出这次选举。他们想召集另一次会议,认定林肯这几年来从政失败,从而取消他的提名资格,让另一名候选人取而代之。

甚至林肯的密友奥维尔·布朗宁亦在其1864年7月的日记中写道:"这个国家当务之需是一位称职的领导人。"

此时,林肯觉得自己前路渺茫,他放弃了一切连任的妄想。他已经败北,他的将军们已经败下阵来,他的政纲彻底失败,人民已经对其领导核心失去信任。他担心国家会灭亡。

"甚至天堂都是漆黑一片。"他慨叹道。

最终,一大帮讨厌林肯的偏激人士召集会议,提名前景看好的约翰·C.弗莱蒙特为参选总统候选人。此举将共和党推向分裂的境地。

弗莱蒙特一直紧随激进阵营,形势严峻。这样,民主党的候选人麦克莱伦将军将打败那四分五裂的对手,而这个国家的历史可能就要改写。

即使弗莱蒙特退出,林肯的得票也仅比麦克莱伦多出二十万张。

尽管恶毒的攻击劈头盖脸而来,林肯仍旧保持冷静,不理会旁人,只顾尽力工作。

他说:“我希望这样处理行政事务, 即便到最后当我因交出执政权而朋友远去时,至少我还会拥有一位朋友,这位朋友将深藏于我的心中……我并不一定要赢,但我一定必须保留真实;我并不一定要成功,但我一定要实践诺言。”

1864年的夏季,林肯完全变成了另外一个人。无论心理上还是身体上,他已完全不是三年前走出伊利诺伊大草原时的巨人模样。他的笑声逐年消失,面颊的折皱越来越深,双肩日益下塌,双颊凹陷。由于长年承受着消化不良的折磨,他几乎没有睡过一次安稳觉,双腿总是冰冷。凡此种种境况,使得他的面部总是呈现出一副痛苦不堪的表情, 他对朋友说:“我感觉自己再也快乐不起来了。”

1865年春,奥古斯塔斯·圣-高登斯发现林肯身上有块疤痕。这位著名雕塑家认为,这是块死亡之疤,并且断定林肯必死无疑,因为这块疤出现在他的脸上。

艺术家卡朋特在绘制《解放黑人奴隶宣言》的签署场景时曾在白宫生活

数月。他写道：

> 在原野之役的第一周里，总统极少睡眠。有时候，我可以在内政部的大厅外碰见他。他身穿长长的晨褛，来来回回踱步。他的双手反扣在后腰处，双眼下面的眼袋既大又黑，头向前倾垂，几乎埋在了胸前——一副哀伤焦虑和关切的神色……他那沟壑纵横的脸几乎天天浸满泪痕。

来访者常常发现林肯瘫躺在沙发里，筋疲力尽，无法抬起头和来访人员打招呼。

他说："有时候我会想，每一天，人们都朝我冲过来，对我指东道西，其中的每一个人都从我身上掠走一丝生气。"

他告诉《汤姆叔叔的小屋》的作者斯托夫人，至死，他都无法看到和平的曙光。

他说："这场战争正在摧毁我。"

警觉于林肯外表的变化，他身边的朋友纷纷催促他去度假。

"两个或三个星期的假期对我根本于事无补，"他回答说，"我不可能游离于自己的思维。我几乎不懂得如何休息，疲乏一直紧随着我，而且根本无法消除。"

他的秘书说："寡妇和孤儿的痛哭，常常在林肯的耳际回响。"

每天，母亲们、情人们、妻子们，哭着、哀求着奔向林肯，要求赦免她们那已被判处死罪的男人。无论有多疲累，林肯总会耐心倾听她们的诉求，并且一概答应下来。他从来都不忍看见女人哭泣，尤其是当女人怀抱婴儿的时候。

林肯曾经哀叹自语："当我去世的时候，我希望世人为我采下了一株蓟花，栽种在我认为花儿应该盛开的地方。"

斯坦顿为林肯的宽厚而雷霆大发，将军们也怨气冲天：林肯的宽宏大量正在破坏军纪，他不应该干涉军政。可林肯憎恨陆军准将们的粗暴，以及军中的普遍性专制。另一方面，他喜爱那些自告奋勇者，那些和他一样来自森林和广袤农场的士兵，只有倚赖他们，才有可能取得战争的胜利。

如果他们当中有人因胆小怕事而即遭处决，林肯愿意赦免他一死。他说："这很难讲，要是我在战场上，或许也会扔下机枪逃之夭夭。"

那么，士兵因想家而逃跑呢？"噢，我认为就算把他枪杀了也无济于事。"

那么，一个疲惫不堪的佛蒙特州的农民在站岗的时候睡觉，是否也要被处以极刑呢？"我自己也有可能睡过去。"

仅仅是赦免令，就占了林肯当时文件的数页之多。

有一次，他致电米德将军：我不愿意看到十八岁以下的士兵遭到枪毙。要知道，国军中有超过一百万士兵年龄低于十八岁，十六岁以下的有二十万，而十五岁以下的则有十万。

有时候，林肯发告严肃议题的电文时也不忘幽默一番。例如，他曾经向马利根上校这样发电文："如果您还未枪毙巴尼·D.，那么请住手。"

母亲们的丧子之痛让林肯感同身受。1864 年 11 月 21 日，他写下了一封有生以来最优美的信。牛津大学拥有此信的复印件，信被装裱悬挂于墙上，作为"世上措辞最为细腻、清朗"的典范。

尽管信是以散文形式写的，但其中不乏诗的神韵：

亲爱的夫人：

从战争部转来的马萨诸塞州陆军长官的文件中获悉，您是一位有着五个爱子为国壮烈捐躯的母亲。我觉得，任何让您走出这巨大悲恸的企图，任何言语的安慰，都显得苍白无力。但是，我还是抑制不住要向您表达共和党的感激之情，是您的儿子给了政党生存的可能。我祈愿，我们的天父能够安抚您那颗悲凄的心；我祈愿，让您爱子的美好永存心间。在那来之不易的自由祭坛上，那肃穆的自豪永远属于您。

真诚敬仰您的

A.林肯

有一天，诺厄·布鲁克斯送给林肯一本奥利弗·温德尔·霍姆斯的诗集。林肯翻开诗集，开始大声朗读“列克星顿”一节。但当看到这些诗句时，他读不下去了：

青青的野草地是烈士们的葬身之处！
没有寿衣，没有坟墓，他们就这样长眠，

他的声音颤抖，窒息不语。他将诗集递给布鲁克斯，低语道：“您来读吧，我读不下去了。”

数月之后，在白宫，林肯向朋友背诵整篇诗文，一字不漏。

1864年4月5日，林肯收到一封伤心女孩的来信——信寄自宾夕法尼亚州的华盛顿县。“经历长久的恐惧、犹豫之后，我还是决定向您禀告自己的烦心事。”原来，与她订婚好些年的男人，最近从部队回到家乡参加选举投票。如女孩所言，她们“在这桩婚姻上过于愚蠢和放纵，从而导致了一个非法家庭的诞生，希望您能怜惜我们，批准他离开军队……我向上帝祈祷，希望您不会对我的请求置之不理，希望您不会让我忐忑不安。”

这封信让林肯心绪难以平复。他向窗外望去，泪眼朦胧……

他提起笔，在女孩信件末尾向斯坦顿施令：无论如何让他回到她的身边。

1864年的可怕夏季终于拖到了尽头。秋天，好消息来了。谢尔曼攻下了亚特兰大，并且正在挺进佐治亚。海军上将法拉格特率众进行大规模的海战之后，将莫比尔湾牢牢掌控，从而扼住了墨西哥湾的咽喉要塞。谢里登在谢南多厄山谷也是捷报频传。现在，李不敢公开露面，所以格兰特只有向彼得斯堡和里士满发起围攻。

南部邦联几乎走到了它的尽头。

林肯手下的将领此刻节节胜利，这证明了其政策的英明、正确。北方国军的士气势如破竹，直冲云霄。所以在当年的11月份，林肯顺利当选，连任总统。不过，他没有把这次连任看做是个人的胜利。他精辟断言：很明显，人民绝对不会“在趟过溪流时将马匹交换出去”，这并非明智之举。

四年的战争经历使得林肯对南方人民的厌恶之情荡然无存。他不止一次地说过：“不要对不义之举下结论，如果我们身处南方也会支持奴隶制度。”

1865年2月，南部邦联的士气仿若游丝。两个月之后，李缴械投降了。此时，林肯提议联邦政府就废奴一事为南方各州拨款四亿美元，但内阁里的每一位成员均反对此项提议。林肯只好作罢。

同年3月，林肯发表第二任就职演说。此次演说被牛津大学已故校长厄尔·柯曾誉称为“人类金子般清纯的演说，几乎是天才的雄辩”。

林肯健步向前，亲吻《圣经》第十五章“以赛亚书”，然后开始演说。他的演说听起来就好像是出自某个戏剧大人物的咏叹。

“它就像是一首不朽的诗篇，”卡尔·舒尔茨写道，“从来没有哪一位统治者像他那样和人民说话。在此之前，没有任何一位美国总统的心底里承载着如此之多的肺腑之言。”

在作者看来，讲稿的结尾部分，是出自人类之口最高贵、最美丽的表达；林肯仿佛是在大教堂柔和的光线下伴着琴声朗诵：

> 我们热切地希望——我们虔诚地祈祷——这场荼毒生灵的战争可以尽快消逝。然而，如果上苍的意愿——正如三千年前的预言——要让战争持续到二百五十年来辛勤劳作的奴隶们所创造的财富殆尽，直到因备受鞭笞而流血之躯得到以牙还牙的补偿，那么我们不得不说：“上苍的审判是正确的、正义的。”
>
> 与人无怨，博爱天下。上苍让我们看到了正义之所在，让我们坚定正义的立场，让我们竭尽全力完成未竟的事业，让我们为自己的家园疗伤，让我们倾情关注这灾难深重的国家，让我们为了她的寡妇、她的

孤儿、各民族之间以及我们人民之间正义而持久的和平鞠躬尽瘁。

演说之后的两个月——一天也不差，人们在斯普林菲尔德林肯的葬礼上再一次宣读了这份演说稿。

26

1865年3月下旬,弗吉尼亚州里士满发生了一件非同寻常的事。南部邦联总统杰斐逊·戴维斯的夫人将马车弃置,将个人财产放在一家干货店内贱卖,然后打点行装向南方迁移……大事即将来临。

此时,格兰特已经包围南部邦联的首府达九个月之久。李的部队已经衣衫褴褛,饥肠辘辘。他们的军饷已经相当有限,士兵的薪酬常常没有着落;即使有薪酬,那也只不过是南部邦联的纸币,此时几乎已经一文不值——一杯咖啡得花去3美元,5美元也只能买到一根木柴,而一桶面粉的要价是1000美元。

退出联邦政府的举动彻底失败,奴隶制也完蛋了。李深知这一切,他的士兵也深知一切,已经有十万人当了逃兵。此时,整个兵团的人都在忙于收拾包袱,准备外逃;而留下来的人则转向宗教,聊以慰藉,几乎每一个帐篷里都在举行祷告集会。眼睁睁看着身边所发生的一切,士兵们哭喊连天。

里士满踉跄着走到了它的尽头。

4月2日,星期天,李的军队将城里的棉花和烟草点燃,烧了军火库,还捣毁了船坞里已经是半成品的全部船只。晚上,他们逃出城外。彼时,黑暗中,火光冲天。

李的军队刚刚出城，格兰特就率领七万二千将士展开了四面八方的围追堵截,而谢里登的骑兵则为其打头阵,截断了铁路干线,使得李的给养无法送达。

谢里登给总统发电报说:“如果事情进展顺利,我认为李不日就会投降。”

林肯回电:“加速前进。”

事态如林肯所期待的发展。战事不断,战场长达八十英里。终于,南部邦联军成了格兰特的瓮中之鳖,李清楚地知道,再多的流血牺牲都无法挽救败局。

此时,格兰特由于剧烈的头痛而导致双眼模糊不清。他掉队了。星期六的傍晚,他在一所农家院子里安顿下来。

他回忆道:“我把双脚放在热水和芥末里泡了整个晚上，还把芥末药膏敷在手腕上和后脖颈子上,希望第二天早上身体会好起来。”

次日清晨,他的病痛真的减轻了,但不是芥末的功劳,而是骑兵带来了一封信。信是李写的,说他准备投降。

格兰特回忆道:“送信骑兵到达时，我仍旧头痛难耐，但一看到信的内容,我就没事了。”

当天下午,两位将军在一座砖质结构的小厅里会面,商谈停战协议。格兰特的衣着如常地邋遢散漫:鞋子积满污垢,连佩剑也不带。他的制服和军中其他人没有两样,只是肩上的三颗银星显示出身分和军阶。

他和贵族气质的李将军有着天壤之别!李将军的臂铠上镶满珠片,就连佩剑都有珠宝点缀！看上去，李将军仿如一位刚刚从铸铁蚀画里走出来的皇家统治者；而格兰特就像是一位密苏里的农民，刚刚进城售卖满满一车子的野猪和皮革。有那么一阵子，格兰特为自己的不修边幅感到过意不去，他赶紧向李道歉，说自己在这样的场合应该衣着得体一些。

二十年前，美国向墨西哥开战的时候，格兰特和李均在军中任职。这会儿，他俩一起回忆起那逝去的久远岁月。那年冬天，在墨西哥边境的漫长防守中，他们通宵达旦地玩扑克游戏，在他们的业余作品《奥赛罗》中，格兰特在剧中反串可爱的女主角苔丝德蒙娜。

“我们的谈话非常愉快，”格兰特回忆道，“我几乎忘记了会晤的主题。”

李将话题转到停战协议上来，可是格兰特却搪塞两句之后，又将话题转到二十年前的往事中。他们无所不谈：1845 年冬季大草原上成群结队的豺狼……惊涛骇浪中起舞的波光……3 美元一匹的野马……

如果不是李第二次打断格兰特，提醒他协议之事，格兰特有可能就这样一直侃下去。

格兰特差人拿来纸和笔，将协议草就下来。协议中没有提及任何有辱颜面的俘虏仪式，类似 1781 年华盛顿对英国人的强求绝对不会出现——那会儿，华盛顿要求手无寸铁的英军在约克镇游行示众，两旁站满了兴高采烈的美军将士。协议中也没有任何复仇的字眼。这四年来，北方的激进分子一直要求将李和西点军校的叛徒以通敌罪处以绞刑；但是，格兰特没有在协议中提及此事。他还允许李的手下将领持有武器，士兵也可以得到假释回家。此外，认领到一匹马或一匹骡子的每一位士兵，都可以骑着它们回到自己的农场或是棉花地，重新开始农耕的生活。

协议为何如此温和大度?因为林肯早已确定了李投降的条件。

让五十万人失去生命的战争，最终在弗吉尼亚州小村庄里的名为阿波马托克斯法院大楼得以了结。投降仪式在一个宁静的下午举行,春天的空气里充盈着紫丁香花的气息。那是一个棕树枝主日,复活节前的星期天。

那天下午,林肯正乘坐“女皇”号返回华盛顿。途中,他连着好几个小时给朋友诵读莎士比亚的作品。这会儿,他已读至《麦克白》中的章节。

> 邓肯已经入土为安;
> 经历生命的狂热之后他睡下了;
> 并非铁棒、毒药,而是叛国通敌的罪名,
> 已经将他打入地狱。

这些文字给林肯留下了极为深刻的印象。朗读完毕,他稍作停顿,双目朝船舷以外远远望去。

旋即,他又一次念起了这段文字。

五天之后,林肯他自己也死了。

27

现在我得做些倒叙，因为我想告诉大家，里士满失守之后不久所发生的一件令人震惊的事情。这是林肯不幸的家庭生活的生动呈现，林肯竟默默忍受着这种不幸长达二十五年之久。

这件事发生在格兰特指挥部附近。格兰特邀请林肯夫妇和他一起在距离前线不远的地方好好放松一个星期。

林肯夫妇欣然前往，因为林肯相当地疲惫。入主白宫以来，林肯从来都没有度过假，他很想借此机会躲开那些在他第二任期开始之际成天缠着他谋求一官半职的人群。

于是，他和夫人登上“女皇”号南下波托马克，途经切萨皮克湾下游，绕过老康福特角，再北上詹姆斯河抵达角城。在城里，距离水面二百英尺的峭壁之上，正坐着那位加利纳昔日的皮革二道贩子，他一边抽烟一边吹着响哨。

数天之后，总统举行舞会，参加者都是来自华府的达官贵人，此外还有法国总理 M.若弗鲁瓦先生。理所当然地，赴会者都急于参观距离十二英里之遥的波托马克军前沿阵地，因此在舞会之后的次日，他们便策马前行，林肯夫人和格兰特夫人则乘坐半敞篷的马车随后。

亚当·巴多将军是格兰特的军事秘书和副官，也是格兰特的同窗好友之一。那天，他负责护卫夫人以及她们的坐驾。由于面向夫人坐在马车的前座上，因而巴多得以亲眼目睹所发生的一切。他曾著有一书，名为《和平时期的格兰特》，我将第356页至第362页的内容摘抄如下：

交谈中，我偶然提及前线所有军官的妻子都被要求撤离，这肯定是个经过深思熟虑的举动。我说，除了查尔斯·格里芬将军的夫人留了下来，其余的都已经离开了她们的丈夫。格里芬夫人是总统特许留下来的。

一听此话，林肯夫人举起了双手。"先生，你这是什么意思？"她大喊大叫道，"你是说她单独见的总统？你知道吗，我是从来都不允许总统单独和任何女人在一起的。"

总统夫人绝对是在妒忌贫穷、其貌不扬的亚伯拉罕·林肯。

我试图解释以求平复夫人的心境，可她依旧一味地恼怒。"先生，你的微笑太暧昧了。让我马上下车，我得问问总统他是否独自一人见了那个女人。"

格里芬夫人是华府最有名望的优雅女性，后来被封为艾什泰哈奇伯爵夫人。她和格兰特夫人私交甚深，因此格兰特夫人这会儿极力平息林肯夫人的怒气，可只是徒劳。林肯夫人再次要求我让马夫停车。正当我犹豫不决之际，她将双臂朝我的方向伸过来，一把抓住了马夫。最后，还是格兰特夫人的劝说奏了效，她答应待所有当事人碰到一起时再说……

傍晚,我们回到营地,格兰特夫人就此事和我展开谈论。她说这是件伤人感情之事,我们当中的任何人都不允许再度提及。至少,我必须保持绝对的沉默,而她只会对将军一个人说明。但是,第二天我便从自己的誓言中解脱了出来,因为“好戏还在后头”。

次日清晨,同班人马前去参观位于北岸的詹姆斯军营,彼时由奥德将军坐镇指挥。活动内容和前一天的有点类似。我们乘坐蒸汽船沿河北上,之后男人骑马,林肯夫人和格兰特夫人则上了救护马车。和昨天一样,我担当夫人的护卫,但我要求多派一人和我同行。昨天的经历让我不想再次独自警卫,于是霍勒斯·波特上校被加了进来。奥德夫人之前希望自己能离开部队,待在华府或是别的什么地方,但由于她是指挥官夫人,所以就留守在丈夫身边。救护车座位有限,因而她只能和总统一起骑马,走在了总统夫人的前头。

待林肯夫人发觉此事,她已气得七窍生烟。她嚷嚷道:“这个女人和总统肩并肩骑马是什么意思?她走在了我的前头是什么意图?她是否认为总统要她陪伴在左右?”

林肯夫人的心态变得不可理喻起来,其言行无处不是乖张的。

格兰特夫人再次想尽法子平息她的怒气,可这次连她也变成了总统夫人恼怒的对象,波特和我只有竭力把持局面,不让事态恶化至见诸行动的地步。我们真害怕她会跳下马车,朝着骑马的那批人大喊大叫。

总统夫人曾经在马车中对格兰特夫人说:“我猜你想亲自前往白

官，是吧?”格兰特夫人显得非常平静，她不失尊严地回答说她从没有动过如此念头，自己对现状非常满意。总统夫人还是一个劲儿地嚷嚷：“呀！如果你有能力的话最好还是去一趟，这是件美事。”接着，她又把话题转回到奥德夫人身上。格兰特夫人只有冒着受到更猛烈指责的危险为朋友辩护。

中途休息时，国务卿的侄子、奥德将军的部下苏厄德少校走上前来说笑道：“林肯夫人，总统骑的那匹马非常好色，它坚持要挨着奥德夫人一块儿走。”

这句玩笑话无疑是在火上加油。

“先生，你这是什么意思?”苏厄德发觉自己闯了大祸，于是有意让马放慢步伐，从而使自己躲在队伍的后面而避过一劫。

终于，大伙到达了目的地。奥德夫人来到车旁。就在这时，林肯夫人开始了对她的羞辱，她当着众多军官的面极力中伤她，质问她和总统同行用意何在。

这可怜的妇人眼泪一下就涌了出来，一个劲儿地询问自己做错了什么，可林肯夫人就是饶不了她。她骂骂咧咧，喋喋不休，直到骂累了才住口。格兰特夫人还试图为朋友帮腔，而在场的其余每一位则惊恐不已。当然，事情最后还是不了了之，之后不久，我们便启程回角城。

当晚，总统和夫人在船上设宴款待将军、将军的随从以及格兰特夫人。林肯夫人当着我们大家的面向总统数落奥德将军的不是，还强烈要求将他革职。她说奥德不能胜任目前的职位，更不用说他的夫人了。坐在一旁的格兰特将军则努力维护战友，面无惧色。当然，奥德将军并没有被撤职。

在整个度假期间,类似的场面时有发生。林肯夫人三番五次地当着军官们的面,就格里芬夫人和奥德夫人的“出格行为”而大肆攻击自己的丈夫。每每见到这个国家的元首、这位在国家如此危急时刻心系一切之人遭受着这般莫名的耻辱,我就会觉得痛苦和难受。他如耶稣般以基督的信念忍受着这一切,他的内心深处尽管满是痛苦和悲伤的烙印,可其中却蕴含着崇高的祥和与尊严。他带着旧式的坦率,称她为“母亲”,并以真挚的眼神和语调,努力解释或是平息他人的冒犯,直到她像母老虎似的转过身来向他发起进攻。这会儿,他会走开,将自己那张高贵而丑陋的脸隐藏起来——我们无法诠释其悲惨的所有内容。

谢尔曼将军也目击过好些这样的场景,数年前他还在回忆录中提及过。

海军上校巴恩斯不仅是个目击证人,而且还是位受害者。巴恩斯曾经陪伴奥德夫人那次不幸的旅程,并且事后坚持说奥德夫人没有做错任何一件事。因此,林肯夫人一直不肯原谅他。两天之后,他因公事拜见总统,当时林肯夫人以及其他人也都在场。夫人在众目睽睽之下给他一顿臭骂,而林肯却沉默不语。过了一会儿,他走到年轻人跟前,挽起他的手,把他带进自己的房间,说是给巴恩斯看张地图或是文件什么的。巴恩斯告诉我,总统对所发生的事情不作任何评论。他不可能去指责自己的妻子,但他还是对下属表达了歉意——身体间的亲密接触。在我看来,这是最有教养的一个具体体现。

在这些事情发生之前,斯坦顿夫人已经去过角城,于是我瞅机会向她打听一些有关第一夫人的情况。

“我没有见过林肯夫人。”这就是她的回答。

但是，我想自己一定是听错了，战争部长的妻子一定见过第一夫人，于是我将同一问题再问一次。

“您听懂了吗，先生？”她回答说，“我不去白宫，我没见过林肯夫人。”我和斯坦顿夫人并不熟悉，但她的回答如此地非同寻常，以至于我一直牢记在心上。之后，我理解了她话中的含义。

林肯夫人仍旧一个劲儿地向格兰特夫人发牢骚，格兰特夫人没有别的法子，只能尽心安抚，可这让林肯夫人更为恼火。有一次，格兰特夫人坐在她的旁边，她斥责道：“我没有邀请你，你竟敢和我并排而坐！”

伊丽莎白·凯克雷曾经陪伴林肯夫人前往格兰特的营地，她向我们描述过总统夫人在“女皇”号举行宴会时的情形：

其中一位客人是卫生委员会里的年轻人，他就坐在林肯夫人身边，于是他和夫人开玩笑道：“林肯夫人，前些日子您真应该去看看总统胜利进入里士满的情形，他太引人注目了。女士们纷纷给他飞吻，还不停地向他挥舞手帕；那些年轻、漂亮的女士将他团团围住，他十足就是个英雄。”

这位年轻人突然间停止了话语，满脸尴尬。

林肯夫人转过身来，双眼冒火地说，年轻人的放肆言语是对她的冒犯。

接着,类似的情形再次上演。我想,这位惹恼了林肯夫人的军官永远都不会忘记那个值得回忆的夜晚。

凯克雷夫人说:“在我的一生中从未见过比她更难缠的女人，即使找遍全世界您也不可能找到第二个这样的人。”

奥诺雷·威尔西·莫罗在她的《玛丽·托德·林肯》一书中写道:“当您向所遇到的第一个美国人打听‘林肯的妻子是个怎样的女人?’时,百分之九十九至百分之百的受访者均会回答:她是个泼妇,是丈夫的祸根,是笨蛋,是疯子。”

林肯的一生之最大不幸并非遭遇谋杀,而是他的婚姻。

当布思向他开枪之际,他并不知道自己受伤何处,但是在二十年来的婚姻生活中,他几乎天天遭遇恶果。如赫恩登所言:这是不幸婚姻的恶果。

巴多将军说:“在暴风雨般的仇视中，在不幸的对抗中，在极度的痛苦中,林肯将家庭悲剧紧锁于双唇之内。他说,‘上帝呀,原谅她吧,人们并不知道自己做了些什么。’”

伊利诺伊州参议员奥维尔·布朗宁是林肯任职总统期间最亲密的朋友，二人相识相交了二十五年。布朗宁是白宫晚餐时的常客，有时还在那里留宿。他的日记记得相当详尽,但读者一定会质疑其中有关林肯夫人内容的偏颇。因为为他写书之人必须郑重承诺,不得泄露其日记中任何有关对林肯夫人的贬斥之词,否则不可参阅日记原稿。此日记手稿最近被拍卖出售,出版的条件是所有不利于林肯夫人的内容都必须删除。

在白宫的公众接待日，惯例是让某位女士而非第一夫人陪同总统散步。

但是，不管是习俗还是传统，林肯夫人都无法容忍。什么？让另一个女人走在她的前头？还要和总统并肩同行？没门儿！

林肯夫人我行我素，华府哗然。

她不仅不让总统和其他女人一齐散步，而且一旦看见总统和其他女人说话便满目妒意，训斥之词就接连不断。

参加招待会之前，林肯常常得询问他那满腹嫉妒的妻子该和谁说话。而夫人则会一个女人、一个女人地数落，说她讨厌这个，憎恨那个。

“但是，母亲，”林肯往往规劝道，“我必须和某个人说话，我总不可能像个傻瓜似的一声不哼地发呆呀。如果你不愿意告诉我可以和谁说话，那就请告诉我不可以和谁说话。”

不管代价如何，林肯夫人还是决意一意孤行。有一次，为了让总统提拔某位官员，她威胁说，若总统不答应，她就当着众人的面跳到泥浆里。

还有一次，正当总统在办公室会见重要客人之际，夫人突然闯了进来，对着总统劈头盖脸就是一顿臭骂。林肯一言不发，站起来，将夫人拖出房间，将她安顿好，然后回到办公室，将门反锁，继续和客人交谈，仿佛之前从没有人打搅过他。

夫人曾向一位巫师讨教，但被告知林肯内阁里的全体成员都是她的敌人。

对此，她一点也不感觉奇怪，她对他们根本就没有好感。

她瞧不起苏厄德，说他是“伪君子”、“废奴运动的内奸”、“不可信赖之人”，还警告林肯不要与他来往。

凯克雷夫人说：“她对蔡斯憎恨万分。”

个中原因是：蔡斯的女儿凯特嫁给了有钱人，是华府社交圈中最漂亮、最具魅力的女人之一。凯特常常参加白宫的招待会，总是将所有男士的目光吸引到她的周围，这是林肯夫人最大的不满。

凯克雷夫人认为林肯夫人妒忌心极强，因而根本就不希望蔡斯凭自己的政治威望为自己的女儿提高社会地位。

林肯夫人恼恨交加，几次三番地强烈要求丈夫将蔡斯驱逐出内阁。

林肯夫人还怨恨斯坦顿。一旦斯坦顿抨击她，她便以送书或剪报为名，以其中的内容影射斯坦顿是令人讨厌的暴躁鬼。

对于所有这一切指责，林肯说：“母亲，你错了，你太过偏激，不善于反省。如果我真的听从你的话，我的内阁马上就会完蛋。”

此外，夫人还非常看不惯安德鲁·约翰逊，憎恶麦克莱伦，瞧不起格兰特，称其为“固执己见的笨蛋和屠夫”，声称在管理军队方面她会比他干得更好。她还常常信誓旦旦地说，如果麦克莱伦当上了总统，她会即刻离开这个国家，并且只要麦克莱伦还在任，她就永不回来。

“噢，母亲，”林肯道，“假如我们真的让你指挥作战，你当然会比任何一位受到审判的将军干得好。”

李缴械投降之后，格兰特夫妇来到华府。整个华盛顿灯火辉煌，欢乐的人群唱着歌，玩着焰火。林肯夫人去信格兰特，邀请他与她和总统一起在街头兜风，欣赏闪烁的焰火。

但她没有邀请格兰特夫人。

数日之后的一个晚上，总统夫人在剧院举行晚会，邀请格兰特夫妇和斯坦顿夫妇坐在总统的包厢里。

斯坦顿夫人一接到邀请，便立刻赶往格兰特夫人的住处，询问是否该应邀前往。

“除非你接受邀请，”斯坦顿夫人说道，“我是不会去的。并且如果你不在场的话，我也不会和林肯夫人坐在同一个包厢里。”

格兰特夫人害怕赴约。

她明白，一旦将军步入包厢，观众肯定会报以热烈的掌声欢迎这位英雄。

到时，林肯夫人又该如何？不用说，她一定会怒火万丈，制造又一个斯文扫地的场面。

格兰特夫人最终拒绝了邀请，斯坦顿夫人也同样拒绝了。可以说，就是因为拒绝，她们救了自己丈夫的性命，因为正是那天晚上，布思爬进总统的包厢对准总统射击。如果斯坦顿和格兰特也在场，布思有可能将他俩也一并射杀。

28

1863 年,弗吉尼亚州的一些奴隶主贵族聚集在一起,出资组织了一个秘密社团,目的就是要谋杀林肯。1864 年,亚拉巴马州塞尔马城的一份报纸刊出一则广告,号召公众募集资金用以刺杀林肯,其他南方各州的报刊、杂志也为刺杀行为悬赏。

然而,最终枪杀林肯的人实质上既非出于民族激情,也非受诱于金钱利益。约翰·威尔克斯·布思行凶只是为了出名。

布思何许人也?一名演员,上天赋予了他非凡的魅力。林肯的私人秘书描述他"风流倜傥如恩底弥昂"。弗朗西斯·威尔逊写有一本布思的传记,说"他(布思)是世上最成功的情人……只要他行走在大街上,女人都会驻足观望,并且转瞬间就会本能地爱慕上他"。

二十三岁那年,布思已经在演艺事业上功成名就。当然,他最著名的角色是罗密欧。无论他在何处演出,多情的少女都会向他塞纸条,表达心中的甜言蜜语。当他在波士顿演出的时候,密密麻麻的女人塞满了特雷蒙特大楼四周的大街小巷,为的是当布思途经此处时,她们能一睹自己心目中英雄的风采。有一天晚上,出于对其他女人的嫉妒,女演员亨丽埃塔·欧文在酒店的房间里用刀刺杀布思，然后试图自杀。就在布思枪杀林肯的次日清晨，另一个名叫埃拉·特纳的女人，一听说自己的情人变成了杀人犯,并逃离了这座城市，便沮丧不已。她怀揣布思的照片，喝下毒药三氯甲烷自杀身亡。

然而，所有这些女人的谄媚会否带给布思丝毫的幸福感呢？非常之有限。因为他的名气仅仅局限于这穷乡僻壤中，几乎没有什么社会地位的观众中；让他耿耿于怀的痛心事是，他至今都无法赢得大都市观众的掌声。

布思并不被纽约的评论家看好；在费城，他还被哄下舞台。

这确实令人烦恼。要知道，布思家族的其他成员，在昔日的舞台上可是名声大噪。其父朱尼厄斯·布鲁特斯在戏剧舞台上熠熠发光了近四十年，他对莎翁作品的准确演绎曾是国人盛极一时的美谈。在美国戏剧舞台的历史上，还没有第二个人受到如此异乎寻常的欢迎。所以，他认为自己可爱的儿子——约翰·威尔克斯·布思——必定是布思家族最了不起的人物。

然而事实上，约翰·威尔克斯·布思却鲜有天赋，并且没有充分运用好那少得可怜的才智。他美貌无比，但懒惰、骄纵，不学无术。年轻时，他将光阴消磨在骑马闲逛上，穿梭于马里兰农场的林间，一边对着树木和松鼠滔滔不绝地胡言乱语，一边举起一根用于墨西哥战争的破旧长矛在空中乱舞。

老布思从来都不允许在家中的餐桌上出现肉食，他教导子女说，杀戮任何生灵都是不对的，哪怕是杀死一条响尾蛇。但是，约翰·威尔克斯·布思显然是没有严格遵从父亲的人生哲学，他喜好杀戮和破坏。有时候，他会一枪将奴隶们的猫、狗击毙。有一次，他还把邻家的大母猪给宰了。

之后，他在切萨皮克湾一带过着偷捕牡蛎的生活，再之后便成了一名戏子。眼下，他二十六岁了，成了热情似火的中学女孩心目中的偶像。不过，在他看来，自己只不过是个失败者。他非常嫉妒自己的长兄埃德温——他已经功成名就，那可是自己梦寐以求的。

为此，他郁郁寡欢了好一阵子，并下定决心要让自己一夜成名。

这就是他最初的计划：在某个夜晚，当林肯在戏院出现时进行盯梢，一旦林肯包厢里的煤气灯熄灭，他便冲上前去，用绳索将林肯捆绑起来，扔到下面的舞台，再将他拖出后门，塞进马车，在黑暗里风一般地急驰远去。

拂晓之前，他就可以抵达沉睡中的旧镇托巴克港。在那里，他可以乘船划越宽阔的波托马克河，再向南策骑穿越弗吉尼亚，安全抵达里士满南部邦联的阵地。

然后，又该怎样呢？

南方因此可以摊牌，掌握话语权，让内战立马结束。

而这漂亮“义举”的荣誉将归属于哪一位？当然是绝顶聪明的约翰·威尔克斯·布思。他将比长兄埃德温出名一百倍，他的光环将会在历史的长河中熠熠生辉。这就是他的美梦。

彼时，他在戏院里的年薪已达两万美元，但他还是弃职不干了。这会儿，钱对他来说已没有多大意义，他正干着一项比物质利益更有意义的大事。他将自己的积蓄资助一伙同情南部邦联的乌合之众，他们游荡于巴尔的摩和华盛顿之间。布思向每一位成员保证：有朝一日，他们将名利双收。

那都是一帮小混混！斯潘格勒，终日醉醺醺的舞台布景员、渔夫。阿策罗德，一个粗鲁、易怒的毛小子，肚子里没半点墨水的油漆工，暗地里经常偷越封锁线。阿诺德，一个懒惰的农民，被南部邦联军开除的混混。奥劳克林，一介马夫，浑身上下都是一股马臊臭和威士忌味儿。萨拉特，一个狂妄自大的饭桶。鲍威尔，施礼牧师的儿子，一个大眼半疯、一文不名的畜生。赫罗尔德，无所事事的蠢蛋，终日游逛于马厩之间，专事谈论马匹和女人，靠守寡的母亲和七个姐妹施舍度日。

就是靠着这些无赖，布思开始为演绎自己事业中最伟大的角色作准备。他用尽时间和金钱来谋划行动的细节。他买来一副手铐，找准地方安置往返接应的快马，还买了三艘船，差人在托巴克港的大溪地守候。船上已经备好桨橹，通知一到，船上的人就可以立马行动。

1865年1月，他认为伟大的时刻到来了。林肯准备在18日前往福特戏院，观看埃德温·福里斯特演出的《杰克·凯德》。这个小道消息传遍了全城上上下下，布思也听到了。那天晚上，他手中紧捏着绳子，也捏紧了他的希望。可是，啥事也没干成。林肯并没有去看戏。

两个月之后，又来了一个传闻：某个下午，林肯将要出城观看附近一个军营的文艺演出。于是，布思和他的那些喽啰兵们，带上长猎刀和手枪骑马来到一片林地，隐蔽在林肯必经之路的树丛里。可是，白宫马车经过时，林肯并没有在队伍之中。

行动再次受挫，布思疯了。他怒不可遏，咒语连连，不停地拉扯自己油乌乌的胡子，还用马鞭抽打自己的皮靴。他已经受够了，再也不愿有任何的闪失。如果他还是无法抓获林肯，那就只有自杀了。

数周之后，李缴械投降，内战结束。布思认为，劫持总统已没有任何意义，于是他决定立即枪杀林肯。

布思还没有等待多久，机会就来了。第二周的周五他去理了个发，之后前往福特戏院取邮件。在那里，他听说总统为当晚的演出预订了包厢。

“什么！”布思大叫一声，“那个老家伙今晚会上这里来？”

布景工人已经开始为盛大演出作准备：左边包厢的花边背景已经插满了彩旗，还裱上了一幅华盛顿的画像。隔板已被搬走，扩大一倍的空间被绯红的彩纸所环绕，其中摆放着一张硕大无比的核桃木摇椅，那是专门为总统那双长腿而设的。

布思贿赂好一名背景工，要求他将椅子放在他所希望的确切位置：他想将它置于最接近观众的包厢一角，这样就没有人能够看见他闯进去。在紧靠摇椅的内门处，他装上猫眼，并且在通往化妆间和包厢的门后的灰泥处开出一道槽口，这样他就可以用木板挡住入口。干完这一切之后，布思回到酒店，给《国家通报》的编辑写了一封长信，以爱国主义的名义为谋杀正名，声称子孙后代都会以他为荣。他在信的末尾署上名字，交给一位演员，要求他在第二天将信公开发表。

之后，他去马厩租了一头栗色小马驹，在助手面前直夸这马跑得像猫一样快。他让助手跨上马鞍，发给阿策罗德一杆长枪，吩咐他射杀副总统，还交给鲍威尔一把手枪和一把利刃，命令他干掉苏厄德。

那是个耶稣受难日、复活节前的星期五，通常是戏院一年中上座率最低的夜晚之一，但是由于城里挤满了想一睹军队总司令尊容的官兵，加之这座城市仍然处于战争结束之后的昂扬气氛之中，当晚的戏院显得并不冷清。凯旋拱门依旧横跨于宾夕法尼亚大道的两侧，满街都是举着火把欢舞的人群。当晚，总统前往戏院，沿途欢呼声此起彼伏。福特戏院更是人满为患，总统到达时，成百上千的看热闹的人正被赶出大楼。

八点四十分，在演出第一幕中途，总统一行人走进戏院。演出中途暂停了下来，演员们鞠躬以示欢迎。穿着节日盛装的观众们更是发出雷鸣般的欢呼，乐队突然插奏了一曲《欢迎我们的领袖》。林肯鞠躬回谢大家。他脱去大衣，放在一张核桃木摇椅上，摇椅上铺着一张厚厚的红色垫子。

林肯夫人的右侧坐着她的客人：宪兵办公室主任拉斯伯恩少校及其未婚妻克拉拉·H.哈里斯小姐。哈里斯小姐是纽约参议员艾拉·哈里斯的千金；金发碧眼的她，是华府社交圈里的名流，足以符合当晚女主人的要求。

劳拉·基恩正在表演其拿手喜剧《我们美国人的远亲》。这是个笑料百出的时刻，观众席里哄堂的笑声不绝于耳。

当天下午，林肯和妻子已经有过一次长时间的散步。之后，夫人说这是这么些年来她所见到的林肯最快乐的一天。为何?那是因为有了和平，因为有了胜利，因为有了团结，因为有了自由。那天下午，林肯还和玛丽谈及自己第二任期期满之后他们离开白宫的种种设想。首先，他们会在欧洲或是加利福尼亚州度上一个长假；之后，他们有可能会在芝加哥开办一个法律事务所，或者干脆就回到斯普林菲尔德，林肯继续在大草原里巡回办案以度余生，这是他最乐意而为之事。晚饭之前，林肯在伊利诺伊州结识的老朋友前来拜访他，一如既往地，他被老朋友的笑话逗得前仰后合，以至于夫人几乎没有机会招呼大伙就餐。

前一天晚上，林肯做了一个奇怪的梦。次日早上，他将梦的内容告诉了内阁成员："我好像被关在一个器皿里，这器皿我无法形容，它以极快的速度驶向一个漫无边际的黑暗海岸。每每有重大事件发生之前，我都会做这样异常的梦。在石头河战役、在葛底斯堡战役、在维克斯堡战役打响之前，我都有过类似的梦。”

他认为这个梦是个吉兆，它会带来好消息，某件美好的事情必定会发生。

晚上十点十分，浑身威士忌酒酸气的布思，穿上黑色马裤和钉满刺钉的靴子，有生以来最后一次步入戏院。找到总统就座的具体方位之后，他手里捏着一顶皱巴巴的黑色宽沿帽，朝着通往包厢的楼梯走去。二楼过道上塞满了椅子，他费了一番力气才挤到通往包厢的走廊。

途中，布思被总统的护卫拦截。他递上名片，说是总统召见，语气中充满自信和傲慢。未及同意，他就径直闯了过去，顺势将走廊上的门随手关上，再从乐队演奏处取来一根木柱子将门顶紧。

布思用手在门上钻出一个小孔，从中窥视、计算射程，然后悄悄地将门推开。一刹那间，他猛地将手中那把大口径短筒手枪对准总统的头颅扣动了扳机，旋即朝着下面的舞台跳了过去。

林肯的头向前动了一下，继而整个人瘫软在椅子上，脑袋歪向一边。

他连半句“哼哼”都没有发出。

起初，观众以为手枪的射击以及舞台上的跳跃都是表演的一部分。没有任何人，甚至没有任何演员想到总统已经被害。

突然间，一声刺耳的女人尖叫声打破了戏院的平静，所有人的目光都投向那个帷帘包围的包厢。拉斯伯恩上校的一只手臂上血流如注，他大叫道：“抓住那个男人！截住他！他杀害了总统！”

死一般的寂静。一缕烟雾从总统包厢里飘出，悬念破解了。观众们的心中充满了揪心的恐惧和惊慌。他们“嗖”地从座位上站起，椅子随之剧烈扭动着。人们践踩着一排排的围栏，试图攀爬到舞台上去。老弱病残成了无辜的牺牲品，他们的躯骨在剧烈的撞击中断裂，有的女人尖叫连连，有人则吓晕了过去。整个大厅充斥着痛苦的尖叫声和声嘶力竭的呼喊声：“绞死他！”……“杀了他！”……“把戏院给烧了！”

有人高声提醒说，戏院即将爆炸，这无疑让恐慌的人群更为慌乱。一群不明就里的士兵快步冲进戏院，端着上有刺刀的滑膛步枪驱赶观众：“滚开！去你妈的，快滚！”

观众中的医生前来检查总统的伤情。当得知枪伤已危及性命时，医生拒绝将奄奄一息的总统送回白宫，因为他不忍林肯在鹅卵石的路上颠簸受累。于是，四名士兵将总统抬起，两人举着他的双肩，另外两人托起他的双脚。就这样，总统那修长、松垂的躯体被抬出了戏院，来到了大街上。所到之处都是他伤口处涌出的鲜血，人行道被染得血红一片。男人们跪下，用手绢擦拭地板上的血迹——这手绢将是他们毕生的珍藏，在他们不久于人世之际，才会作为无价之宝遗赠给自己的下一代。

凭着寒光凛凛的军刀和嘶鸣跳跃的马群，骑兵开出一条通道。人们纷纷将暖意融融的双手，伸向身心俱疲的总统之躯。穿过一条大街，总统被抬进一所廉租屋里，屋主是一名裁缝。屋里的床太短，且摇摇欲坠，人们只好将总统对角平放在床上，再将床拖到光亮处。其实屋里只有一盏煤气灯，灯罩里浅黄色的火焰阴郁、混沌。

这是一间堂屋，九英尺宽，十七英尺长，床头的墙上悬挂着罗莎·博纳尔的廉价复制品《马市》。

悲恸的消息如飓风般传遍了整个华盛顿。而且祸不单行,另一个坏消息紧随而来:就在林肯遇害的同一小时里,国务卿苏厄德在床上遇刺,几乎不可能生还。除了这些忧伤的事实以外,令人惊惧的流言如经久不息的电闪雷鸣在黑夜里传播开来:副总统约翰逊已经遇害,斯坦顿已遭暗算,格兰特被人枪杀了。流言满天飞。

这会儿,人们感到李的投降只不过是个计谋。他们认为奸诈的南部邦联已经悄悄地潜入华盛顿,正准备将华府一扫而光;他们还认为南方军团已经再次武装就绪,而战争——更为血腥的战争——马上就要开始。

神秘信使在住宅间穿梭急驰,人行道上响起他们发出的断断续续的敲击声。如此节奏的敲击声被重复了三次——这是联邦青年军,一个秘密组织发出的紧急集合信号。被信号声吵醒的组织成员,抓起步枪便往大街上疯跑。

这群暴民举着火把,拿着绳索,在城里乱喊乱叫:“把戏院烧了!”……“绞死卖国贼!”……“杀死反叛者!”

悲伤的消息经由电报传遍了四面八方,整个国家都被点燃了。同情南方的人和警察头目被插上羽毛,涂抹上沥青,绑在木柱上;有些人的头颅被扔过来的石头砸得粉碎。巴尔的摩的画廊被严重毁坏,因为人们认为其中一定藏有布思的画像。马里兰州的一位编辑被枪杀,因为他曾经在出版物里用尽庸俗下流的语言攻击林肯。

由于总统奄奄一息;由于副总统约翰逊烂醉般趴在床上,头发沾满稀泥;由于国务卿苏厄德遇刺,濒临断气;这个国家的命脉一夜之间转移到了爱德华·M.斯坦顿,这位个性乖张、脾气火爆的战争部长手上。

由于相信政府内部所有的高官都会遭到暗算,处于极度紧张之中的斯坦顿接二连三地发出命令。命令是他端坐在奄奄一息的总统床边、以他那顶丝绒礼帽作为垫板写就的。他命令士兵保护好他的房子以及同僚的住所。他将福特戏院充公,还逮捕了每一位与此有关联的人。他宣布华盛顿处于紧急状态。他召集所有武装力量集合待命,其中不仅包括整个哥伦比亚地区的军队和警力,还包括周边地区军营里的士兵、美国的秘密警察以及从属于军事法庭的间谍。他命令城里每隔五十英尺就必须布置警戒哨。他在每一艘渡轮上都安置了看守,命令拖船、汽艇以及弹药船在波托马克河上巡逻戒备。

此外,斯坦顿还电告纽约州警察局长,要求他紧急调派最好的侦探把守美、加边境。不仅如此,他还命令巴尔的摩以及俄亥俄铁路局长,在费城拦截格兰特将军,要求他立即赶回华盛顿。

他在马里兰州的低洼地派驻整整一个旅的步兵,还派出一千名骑兵追踪暗杀凶手。他不断地提醒大家:“他会逃到南方去,他会守在波托马克河河边。”

布思射向林肯左眼下方的子弹,对角穿过大脑,落在距离右眼半英寸的地方。生命意识稍微薄弱一些的人即刻便有可能断气,但是林肯足足支撑了九个小时。

林肯夫人被安排在隔壁房间守候。每过一个小时,她便要求去看林肯一眼,在他的床边撕心裂肺地哭喊:“天啊!该不是我把自己的丈夫推向死亡吧!”

一听到尖叫,斯坦顿便冲进屋里下驱逐令:“把这个女人带走,别让她再闯进来。”

七点刚过不久,林肯不再有任何痛苦的呻吟,他的呼吸也渐渐平缓。当时在场的一位秘书回忆道:“他那饱经磨难的面容,显露出一种难以言表的宁静。”

人潜意识里的秘密往往在弥留之际会倏然洞开。

在那最后的祥和时刻,幸福美好的回忆陆陆续续地从林肯的记忆深处豁然浮现:印第安纳州巴克霍恩山谷的夜晚,草棚门前那堆熠熠发光的柴火,桑加蒙河咆哮的河水汹涌奔腾直冲新塞勒姆的拦河大坝,安·拉特利奇在纺机旁的欢歌,老马嘶鸣着找寻填肚子的玉米,斯普林菲尔德的法律事务所,墨迹斑斑的墙壁,书架上已经抽枝发芽的花籽……

在总统漫长的生死挣扎过程中,外科军医大夫利尔一直紧握着他的一只手,守候在床边。七点二十二分,利尔将林肯那双已经摸不到任何脉搏的双手交叠在一起,接着取出两枚硬币放在林肯的眼睑上,让他合上双眼,最后用手绢扎紧他的下肢。牧师前来祈祷。冷雨滴滴答答地落在屋顶上。斯坦顿痛哭流涕,他拉下窗帘,唯恐黎明的光亮侵扰屋内的悲伤。当晚,他说的这句话让人永世难忘:“现在,他属于所有的年代。”

次日,小泰德在白宫向一位来访者询问,他的父亲是否已经去了天堂。

“毫无疑问。”来访者回答。

“那我就高兴了,”泰德说,“因为自从父亲来到这里就没有快乐过,这里对他来说不是个好地方。”

第四部分

布思和赫罗尔德被带到了同伙考克斯上尉的家。考克斯上尉在南部邦联相当有名，且家道殷实。

29

载着林肯遗体回归伊利诺伊州的火车缓缓移动，途经之处都是悲痛哀悼的人们。整列火车车身以绉绸笼罩，而车头则按照马车的灵车样式装饰，上面覆盖着一张巨大的黑毯，并以银星点缀。

当灵车拉响汽笛准备向北启动时，铁道两侧开始出现一张张悲伤的面孔，面孔越来越多，人们的神色越来越凝重。

灵车距离费城车站有数英里之遥，可铁道两旁已经竖起了密密的人墙。灵车终于抵城，大街小巷人满为患，哀悼的队伍从独立大厅一直往外延伸，足足有三英里长。人们一个紧接着一个向前蠕动，为的是能够见到林肯最后一面，哪怕是一秒钟也好，为此，他们已经等了十个钟头。星期六子夜时分，大厅关闭，可哀悼的人群就是不愿散去。人们在原地纹丝不动地站了整晚，至星期天凌晨三点，人群达到最高峰。有人开始兜售位置，每个站位售价 10 美元。

为了疏理交通，士兵和骑警不得不介入。数百妇人晕倒，就连那些从葛底斯堡战役中退伍的老兵，在维持秩序时也不堪劳累而倒下。

葬礼安排在纽约举行。仪式的前一天，日夜兼程的火车从四面八方涌人，给这座城市带来有史以来最多的民众。旅馆里、私人住宅里、公园里以及汽船码头上，到处都是熙熙攘攘的人群。

葬礼当天，骑着白马的十六名黑人打头阵，他们徐徐将灵车拖往百老汇。沿途中，情绪激动的妇女们不断向灵车抛撒鲜花。和灵柩紧紧相随的，是十六万哀痛的民众沉重的脚步声。风中摇曳着的标语在送行的队伍中格外引人注目："啊，可怜的雅各！好可怜！"……"安息吧，上帝在此保佑你！"

为了最后一次目送林肯，近五十万民众相互推挤着、践踩着。人们将面向百老汇的所有二楼窗户出租，出价高达 40 美元一个。人们干脆将窗框都拆了下来，为的是能够让尽可能多的人头、尽可能多的双眼伸出窗外。

身穿白袍的教会唱诗班在街头角落里吟唱赞美诗，乐队奏出的挽歌在四处哀号。每隔六十秒，这座城市的上空便会响起一百次大炮的轰鸣。

灵车驶抵纽约市政大厅。许多人隔着棺材与林肯喃喃细语，有人试图抚摸林肯的面颊。有一名妇女趁着士兵一不留神，倏然俯下身去和林肯作最后的亲吻。

星期二正午，林肯的棺材合盖。那些无法和林肯见上最后一面的民众——成千上万的民众——急忙跳上火车，向西朝着灵车的目的地奔去。一路走去，从纽约至斯普林菲尔德，灵车上的钟鸣声和枪声不绝于耳。白天，迎接它的是鲜花和常青藤扎成的拱门，还有满山坡挥舞国旗的孩子；夜晚，给它引路的是遍及大半个美国大地的无数火把和熊熊篝火。

整个国家都陷入了悲伤的深渊。历史上，从来没有哪一个葬礼可以与之相比拟。有些意志薄弱之人，由于无法抵抗渲染的悲情而突然崩溃。有一位纽约的小伙子用刀片猛割自己的喉咙，哭喊道："亚伯拉罕·林肯，我要随你而去了。”

暗杀事件发生之后的四十八小时，来自斯普林菲尔德的一班人马匆忙赶到华府，他们恳请林肯夫人将自己的丈夫埋葬在他的家乡。起初，夫人极力反对。她深知，在斯普林菲尔德，她几乎已经没有任何一位朋友可以倚赖。不错，她的三个姐妹仍生活在那里，但她根本就不喜欢其中的两人，剩下的那一个她压根儿就是瞧不起。对于那座是非满天飞的小村庄，除了鄙夷，她还是鄙夷。

她对自己那位黑人裁缝说：“天啊，伊丽莎白！我永远都不要回斯普林菲尔德。”

所以，她计划将林肯埋葬在芝加哥，或者安放在国会大厦那个原先为乔治·华盛顿修的墓穴里。

不过，经过家乡人七天不断的请求，她还是同意了他们的提议，将林肯的尸首运回斯普林菲尔德。小镇用募集到的资金买下一片跨越着四个城市的美丽林地，差人日夜挖掘修建。不过，此处现今是州府所在地。

5 月 4 日清晨，灵车抵达小镇，坟墓也已经修建就绪。成千上万的民众，包括林肯昔日的老友，齐集一起等待仪式的开始。突然间，林肯夫人大发脾气，认为总统不应该埋在该处。她将一切原有的计划推翻，下令将林肯葬于距离森林两英里的奥克里奇公墓。

这是命令，不容有任何的讨价还价。林肯夫人威胁说，如果不按照她的意愿行事，她将使用“暴力”将林肯的尸首运回华盛顿。为何？理由非常之可笑：建于小镇中央的墓穴，正好位于众所周知的“马瑟家族地带”，而林肯夫人偏偏对这个家族嗤之以鼻。数年前，这个家族中的一员曾惹得她气晕过去。现在,即使处于寂静的服丧期,她的内心对马瑟家族依旧愤愤不平。她就是不同意将自己的丈夫安葬在被马瑟家族玷污过的地方,哪怕是一个夜晚也不答应。

这个女人的丈夫信仰“与人无怨”、“博爱天下”;而这个女人和自己的丈夫在同一屋檐之下生活了二十五年,可她什么也没有学到,心中的仇恨一点儿也没有减少。

斯普林菲尔德不得不向这位新寡妇低头。上午十一点,林肯被抬往奥克里奇公墓。乔·胡克策骑在前,林肯的那匹老马随后而行。老马身披红、白、蓝三色相间的毛毯,毯上绣有“老阿贝之马”的字样。

待老马被牵回马厩,它的身上已经只剩下一片碎毯。那些“纪念品狩猎者”将马弄得近乎赤裸。更有甚者,为争夺马身上的幔帐,某些“猎人”如鹰般扑向空无一人的灵车相互扭打,直到士兵们以刺枪阻吓,他们才罢休。

暗杀事件之后,林肯夫人将自己关在白宫的房间里整整五个星期,整日以泪洗面。

在那些日子里,伊丽莎白·凯克雷一直和夫人相伴左右,侍候着夫人的饮食起居。她写道:

> 我永远都不会忘却当时的情形。那是一颗破碎心灵的痛哭,那异乎寻常的尖叫、令人悚然的惊呼,以及心灵深处因极度悲伤而爆发出来的癫狂,都让我终身难忘。我用冷水给夫人的额头降温,想尽一切办法劝慰她、开导她。

小泰德对父亲的过世同样感到悲痛，但是其母亲的癫狂令他既害怕又无所适从，他只有乖乖地一声不吭……

每到夜晚，一听到母亲的哭泣声，身着白色睡衣的小泰德就会来到母亲的床边进行安慰：“妈妈，别哭了，您一哭我就睡不着。爸爸是好人，他已经上天堂去了。他在那里很幸福。这会儿，他和上帝以及威利哥哥在一起了。别哭了，妈妈，要不然我也会哭的。”

30

就在布思朝林肯开枪的当口，和总统同处一个包厢的拉斯伯恩少校一跃而起立马将布思揪住。但是，少校无法将他抓牢，因为布思拼命挥刀向他的手臂砍去。少校受伤的手臂血肉模糊，布思因而得以挣脱。他越过包厢，朝下跳向相距十二英尺的舞台。在跳跃的过程中，布思的马靴刺碰到了插在总统包厢四周的彩旗，他的身体因失去平衡而倒地，导致左腿的一根小骨骨折。

布思全身上下感到揪心般的疼痛，但他并没有因此而退缩，连半刻的犹豫都没有。他明白，此刻他正在演绎着其事业生涯中最至高无上的角色，这是注定会让他永垂不朽的一幕。

布思很快将自己调整过来，回过神来。他一边挥舞着匕首，口中高喊着所谓的弗吉尼亚格言——“向着暴君冲去”，一边向着舞台横冲。在冲出戏院后门的过程中，他砍倒了一位正好拦着他去路的演奏员，还绊倒了一名演员。一出后门，布思便跳上守候在外的一匹壮马，而一个名叫“花生约翰”的小男孩试图控制住那匹马，于是他用左轮手枪的枪柄将男孩击晕，旋即策马急驰而去。在马鞍两侧，布思那双钢铁般坚硬的靴子，在夜晚的鹅卵石路面上散发出火样的青光。

他在城里整整疾驰了两英里，途中经过国会大厦。至明月高挂树梢时，他已奔抵阿纳科斯蒂亚桥。在桥上，科布中士手持步枪，枪刺指向布思，喝道："你是什么人？为何这么晚了还出城？难道你不知道这是违法的吗？晚上九点之后，任何人都不准过桥。"

令人奇怪的是，布思自报姓名，还说自己是查尔斯县人，白天在城里做生意，特意等到月亮出来照耀他归家的路。

这听起来颇有道理，况且内战也结束了，没有必要搞得事事都大惊小怪。于是，科布中士放下步枪，让布思过桥。

数分钟之后，布思的同党戴维·赫罗尔德，也以同样的理由顺利通过阿纳科斯蒂亚桥，与布思在集合地点汇合，之后两人一起飞驰越过马里兰的低洼地。

子夜，他们在苏拉维尔的一间小旅馆里歇息。期间，他们让气喘嘘嘘的马吃饱喝足，并且取走当天下午萨拉特夫人留在该处的双筒望远镜和枪支弹药，还花去一美元买来威士忌。一番狂饮之后，他们向人吹嘘说林肯已被他们枪杀了。之后，他们继续策马飞奔，消失在重重黑暗之中。

按照原计划，他们打算次日清晨到达波托马克河河岸，然后划船过河直抵弗吉尼亚。这似乎是轻而易举之事；并且，他们确实有可能成功逃脱追捕。但是，他们之前并没有料到布思会有腿伤。

尽管疼痛无比，布思当晚还是凭着顽强的意志马不停蹄地赶路。他在日记中这样写道："每跳一步，断骨上的皮就如撕裂般疼痛。"终于，布思再也无法忍受。星期六拂晓之前，他和赫罗尔德勒马停驻在一位乡村医生的家门前——距离华盛顿城东南二十英里，医生名叫萨缪尔·A.马德。

布思相当虚弱，身体方面的痛楚使得他根本无法自己下马。他被抬下马鞍，放在一张床上。在这个远离尘嚣的地区不通电报，也没有铁路经过，当地人对暗杀事件仍然一无所知，因而马德医生也没有对布思的伤情产生怀疑。那么，布思是如何解释断腿的呢？布思解释得非常简单：被他的马摔倒压的。于是，马德医生像对待其他伤者一样给他处理痛患：将布思穿在腿上的靴子砍松、取下，将折断的腿骨拉正，再用薄木条固定、包扎。由于没有现成的薄木条，马德医生只有用自己帽盒里的薄板代替。另外，他还制作了一副拐杖，以方便布思行走。

当天，布思就待在马德医生家里。夜幕降临时，他挣扎着从床上爬起，还没顾得上填肚子，就赶紧将自己那标致的胡须剃个精光，再用一串假的连鬓胡子把自己伪装起来。另外，他还找来一张披巾披在肩膀上，以此遮盖那右手上极易泄露其真实身份的文身——布思全名的首字母缩写。付给马德医生 25 美元之后，布思便和赫罗尔德一道飞身上马，奔向他们的希望之河——波托马克河。

但是，一片巨大的泽奇亚沼泽挡住了他们的去路。那是一个无边无际的泥塘，当中长满了矮灌木和山茱萸，蜥蜴和蛇虫在污浊的泥泞里掘地安家。黑暗中，这两个骑士迷失了方向，在四周辗转了好几个小时。

深夜时分，一位名叫奥斯瓦尔德·斯旺的黑人解救了他们。这时，布思的伤腿令他疼痛万分，以至于他根本无法叉开双腿坐在马背上。布思交给斯旺 7 美元，以求租用他的马车。就这样，至复活节的黎明时分，斯旺拖着他那白色的骡子，将布思和赫罗尔德带到了“富裕山”——同伙考克斯上尉的家。考克斯上尉在南部邦联相当有名，且家道殷实。

至此，布思的逃亡之旅暂时告一段落。

布思向考克斯上尉禀告其姓名以及之前的所为。为了证实自己身份的真实性，他伸出手掌，向考克斯出示以印第安墨水文在上面的姓名首字母缩写。

布思恳求考克斯，以其母亲的名义发誓不要出卖他。他说，由于腿部受伤，他感觉非常不舒服，但他认为自己的所作所为对于南方来说是个伟大的贡献。

布思的伤势不允许这两个逃命之人再进行任何的迁徙，不管是骑马还是坐马车，所以考克斯将他们藏在自家房子附近的灌木丛里。其实，这匿藏之地远非灌木丛，而是一个地地道道的原始森林，满地皆是冬青和月桂。这两个逃亡者在那里待了足足六天五夜，待布思的腿伤愈合之后才继续他们的逃亡之旅。

考克斯上尉有一个兄弟，名叫托马斯·A.琼斯。琼斯是个奴隶主，曾经积极为南部邦联政府担当联络工作，协助战时禁运品的运输，以及帮助北军追逃之人偷渡波托马克河。考克斯指令琼斯照料赫罗尔德和布思的饮食起居，所以每天早上，琼斯都会提着篮子给他俩送去食物。琼斯明白，密探无处不在，而且每条小路均有人设哨时时搜查，于是送饭的时候他就将自家的猪赶上，佯装赶牲口出门觅食。

虽然布思渴望食物果腹，但他更渴望消息。他不断请求琼斯告诉他事态的发展，他想知道国人是否会为他的“壮举”而鼓掌欢呼。

布思翻遍了琼斯送去的报纸，可就是找不到他朝思暮想、令他振奋的消息，余留在他内心深处的只是整整数天之后的心碎。

为了来到弗吉尼亚，布思强忍着伤痛疾驰奔波了三十多个小时，虽然旅途颠沛，但却无法和此刻内心的痛楚相比拟。北方对暗杀事件的愤慨算不了什么，这是他之前早有所料的。但是，当他看到弗吉尼亚当地的报刊——南方的报刊，他心之所向的南方——也在反对他，指责他，甚至否认他所作所为的价值所在，他崩溃了，他感到彻底的失望。曾经梦想成为万人敬仰的英雄的他，现在却发现自己遭唾弃，人们骂他是走狗，是凶手。

报刊上的指责仿如蝰蛇身上的一根毒针，刺得布思几乎缓不过气来。

那么，布思有过自责吗?完全没有。除了上帝和他自己，他人人都责备。他的辩解是：他是神圣上帝手中的一个工具，他是尊奉神圣的使命去暗杀亚伯拉罕·林肯的，林肯唯一的错误是，在为一个民族服务时行为“太堕落”，以至于令人无法忍受。“太堕落”，这是布思日记里的言词。

他写道：“要是这个世界理解我就好了。虽然我并不奢望成为伟人，但是只要有一次疾风暴雨，我就可以一举成名……我胸怀远大抱负，不会像一名罪犯那样死去。”

布思躺在泽奇亚沼泽地附近阴湿冰冷的地上，身上只盖有一张薄薄的马皮毯，浑身上下颤抖不已，破碎的心灵不禁涌起一股悲痛的哀鸣：

> 我又饿又冷，在此地绝望无比，可人人都指着我的鼻子臭骂。为什么?我为他们击倒了一个恶霸、一个暴君，可我还是被人嗤之以鼻，还要被人指责为杀人凶手。我的行为比其他任何人都要简单、纯洁……我并不希望得到回报……我认为自己的所为是正确的，我不后悔。

正当布思躺下疗伤写日记之际，三千名密探和一万名骑兵正在马里兰南部的每一个角落里搜查。他们搜遍了每一栋房子和各类大大小小的洞穴，甚至将泽奇亚沼泽地星罗棋布的泥塘都梳理了一遍。他们的悬赏金高达十万美元,下定决心一定要找到布思,生要见人,死要见尸。有时候,布思可以清晰地听到哒哒的马蹄声,那些骑兵就在距他仅二百码远的公路上搜索。

好些时候,布思都可以听见骑兵的战马相互之间嘶鸣、应答,这就意味着他和赫罗尔德的马有可能回应那些马群的呼唤，这无异于让他们自投罗网。所以,赫罗尔德在夜晚时分将马牵到沼泽地,将它们枪杀了。

两天之后,一群接着一群的秃鹰在天空突现!起初,它们只是在空中回旋,不一会便拍打着双翅朝那两匹死马贴近。布思着实给吓呆了,这些情况有可能引起追捕者的注意,他们一眼就可以认出布思的那匹栗色马。

再者,无论如何,布思必须找到另外的医生治治腿伤。

于是,在4月21日,星期五晚上,也就是暗杀事件之后的一周,赫罗尔德将布思从地上抬起,放在马鞍上,再一次向波托马克进发。那匹马正是托马斯·A.琼斯送给他的。

当晚的天气非常适合行动:迷雾重重,漆黑一片,两人根本无法看清对方,只能靠触摸来感觉对方的存在。

仿如一只踏实的走狗,琼斯当晚一直都走在前头为他俩引路,潜行于广袤的田野,穿过一条公路,再横越一座农场。为了防范无处不在的骑兵和密探,琼斯一直与他俩保持五十码的距离,等细听确保安全之后,便向后方发出低沉的哨响。听到哨声,布思和赫罗尔德方才前行。

经过数小时胆战心惊的跋涉，他们终于来到了波托马克河岸边的悬崖峭壁。当晚狂风四起，黑暗中，他们依稀听到崖下河水拍打沙砾而发出的呜呜。

联邦士兵在波托马克河一带几乎逗留了一个星期，将马里兰岸边的每一艘船都翻了个底朝天，烧的烧，毁的毁，可还是让琼斯的计谋得逞了。他叫黑人亨利·罗兰白天划船至河心钩钓河鲱鱼，夜晚再将船划抵登特的草地藏匿起来。

所以，当这两名逃亡者抵达河边的时候，万事皆已准备就绪。布思细语谢过琼斯，花费 17 美元购得他的船只和一瓶威士忌，登船驶向五英里之外的弗吉尼亚河岸。

四周雾气重重，漆黑一片。布思坐在船尾借助指南针为赫罗尔德导航，而赫罗尔德则在船头奋力摇橹。

但是，他们未能走远，狭窄的水道使他们的船只陷进了湍急的漩涡，继而水浪将船只回推了数英里。迷雾中，他们迷失了方向。黎明时分，绕过来回巡逻的联邦弹药船之后，他们发现自己北上了十英里，但是这与弗吉尼亚河岸的距离依旧是五英里，和昨晚的始发地无异。

整个白天，他们都藏身于南杰莫伊湾的沼泽地里。至次日夜晚，他们已是又饿又冷，两人奋力划到对岸之后，布思高呼："感谢上帝！我终于安全抵达了光荣而古老的弗吉尼亚。"

两人匆匆叩响理查德·斯图尔特医生的家门。斯图尔特医生是弗吉尼亚乔治国王县城里最殷实的大户人家，曾经是南部邦联的联络处之一。原来，布思期冀斯图尔特将他看做南方人的救星。但是，斯图尔特曾因协助南部邦联而被捕数次,加之现在内战已经结束,所以他再也不愿冒着生命危险,施予这位谋杀林肯的凶手任何帮助。他已深知此类行为的后果,所以他压根儿就不让布思迈进家门,哪怕是迈进一个脚步。他很勉强地拿了点东西给这两个逃亡者充饥,但只准许在谷仓里就餐,之后送他俩去一个黑奴家过夜。

可是,黑奴也不愿留宿这两个逃亡之人,让他俩进屋时黑奴还骂骂咧咧,使用了好些威胁的话语。

这就是布思所遭遇到的弗吉尼亚!

在弗吉尼亚,你越是想得到震撼山巅的美名,就越是什么也得不到,甚至还有可能淹没在茫茫的人海里。

此时,布思的逃亡之旅已经接近尾声,三天之后他成了瓮中之鳖。一路逃来,他经历了太多:在三名内战归来的南部邦联骑兵的陪伴下,在罗亚尔港横渡拉帕汉诺克河,再向南策骑三英里,投靠一农场主,伪称自己名叫博伊德,是李将军手下的士兵,在里士满附近受伤。

接下来的两天时间里,布思一直待在加勒特农场。他在草地上一边晒太阳,一边查看一幅旧地图,制定通往里奥格兰德的行经路线,从而做好前往墨西哥的准备。

就在布思和加勒特一家第一次共进晚餐的时候,加勒特家的小女孩在饭桌上对暗杀事件喋喋不休,那是她刚从邻居家听来的新消息。她不断地说这问那,一个劲儿地猜测行刺者的身份以及他所得到的酬金。

“据我所知,”布思突然答道,“他一分钱都没有得到,相反却从此臭名昭著。”

次日下午,4 月 25 日,布思和赫罗尔德在加勒特家庭院的洋槐树下伸懒腰。突然间，协助他俩横渡拉帕汉诺克河的南部邦联罗格少校冲了进来，大声警告说："北方佬正在过河朝这边走来，你们得小心。"

于是，他们急忙朝密林跑去，直至天暗下来之后，才又潜回加勒特家。

他俩的非常举动引起了加勒特的怀疑，他很想立马将这些神秘的"客人"赶走。他是否已经怀疑他们就是暗杀林肯的凶手？不是，他从未有过如此想法。他怀疑他俩是偷马贼。前晚，他俩谈到想去购买两匹马，那会儿，加勒特就起了疑心。就寝时，出于安全和逃亡的考虑，这两个人婉拒上楼过夜，反而选择在游廊下或仓库里睡觉，这更让加勒特对自己的判断确信无疑。

现在，加勒特深信这两个人一定是偷马贼。于是，他将这两个人安置在一座破旧的烟草库里，库里堆满了干草和家具。待布思和赫罗尔德躺下之后，加勒特便用一把挂锁将两个人锁在里面。为保险起见，加勒特这个精明老道的农场主还把两个儿子——威廉和亨利——叫来看守。兄弟俩披着毛毯，蹑手蹑脚地走到和布思他们紧邻的小谷仓里；在那里，他们可以留意到自家的马匹是否会在黑夜里被人牵走。

那是个令人难以忘怀的夜晚，加勒特一家在几许兴奋的期待中睡去。

次日拂晓时分，他们得到一个意料之外的结果。

原来，一队国军士兵已经对布思和赫罗尔德进行了整整两天两夜的搜捕，他们没有放过任何蛛丝马迹。巧合的是，他们碰到了一个目睹布思他们过波托马克河的老黑人，老黑人带着士兵找到罗林斯——那个开敞篷驳船送那伙人横渡拉帕汉诺克河的船工。老船工告知搜捕队员，布思过河后是由威利·杰特上尉载走的。上尉的情人住在十二英里以外的鲍灵格林镇，或许上尉已经去了那里。

听起来颇有这种可能。于是，搜捕队员迅即飞身上马，在清亮的月色照耀下，向着鲍灵格林镇进发。子夜时分，他们抵达上尉情人的住处。一番惊天动地的喧闹之后，他们找到了杰特，将他从床上拖了起来。一位士兵将左轮手枪顶向杰特的肋骨，喝道："布思在哪儿?你他妈的王八羔子，你把他藏在哪儿了?赶紧告诉我们，否则要了你的命。"杰特跳上自己的小马驹，带领国军来到加勒特农场。

夜晚暮霭重重，月亮已经不见踪影，星星更是匿迹多时。这队人马一口气飞奔了整整九英里。杰特被士兵左右牵夹，他那匹马的缰绳被绑在士兵的马鞍上，以防止他在黑夜里逃脱。

凌晨三点三十分，这队人马终于来到了加勒特那饱经风霜、粉漆斑驳的白房子门前。

旋即，他们将房子重重包围，并在每一个门口和窗口都架好机枪。队长紧握手枪猛烈拍打门廊的大门。

不一会儿，理查德·加勒特手持蜡烛将门打开。家犬狂吠着，加勒特身上的那件睡衣，借着夜风不断掀碰着他那双颤抖不已的双腿。

贝克中尉一把卡住加勒特的喉颈，同时将手枪顶住他的头，命令他交出布思。

这可怜的老农被吓得大气都不敢喘一口。他起誓说，那两个陌生人不在屋子里，他们早就逃到林子里去了。

这当然是在扯谎，不过听起来也颇有些道理。搜捕队员一边将加勒特拖出门外，一边将一根绳子在他眼前晃动，威胁说要把他拴在院子里的洋槐树下。

就在这当口，待在小谷仓里的加勒特家的男孩跑过来说出了事实的真相。搜捕队员立马将烟草库严严实实地包围起来。

枪战之前，双方曾有过长时间的交谈。国军军官和布思谈判了大约十五至二十分钟，催促他投降。布思反驳说自己是个伤残之人，要求他们“给瘸子一个机会”，如果对方向后撤退一百码，他就出来和士兵一对一单挑。

赫罗尔德勇气殆尽，想投降了事，布思觉得忍无可忍。

“你这可恶的胆小鬼，”布思骂道，“滚开！我不想见到你留在这里。”

于是，赫罗尔德举起双臂走了出来，他请求宽恕，说自己一直以来都喜欢林肯的幽默演说，还说自己并未参与暗杀。

康格上校将赫罗尔德拴在树上，吓唬说若再不停止愚蠢的抽泣，就把他掐死。

可是，布思就是不愿投降，他认为自己是在为子孙后代而战。他向对方叫嚷，说在他的字典里没有“投降”一词。他还向对方警告说，必须为他准备一副担架，因为他们“正在玷污那光荣的古老旗帜”。

康格上校向空中鸣枪，试图让烟雾将布思从烟草库里逼出来，同时还命令加勒特的儿子抱来大捆干草堵住烟草库的缝隙。眼见着小男孩儿的举动，布思不停地咒骂，恐吓说如果不将手中的活停下来，就把他俩掐死。康格上校悄然溜到烟草库后墙的一角，把一撮干草塞进缝隙里，用火柴点燃。

这仓库原本就是为贮存烟草而建的，为了防潮只留有四英寸的通风细缝。透过细缝，搜捕人员看见布思正举起一张餐桌对着不断燃起的大火猛扑——这位演员仿如正在舞台灯光下进行一出悲剧的尾声演绎，同时也是他告别演出的最后一场。

上方已经明令：必须活捉布思。政府当局不想让他痛快地死去，他必须经历漫长的审讯之后再被施以绞刑。

如果不是因为那半疯半傻的“波士顿”中士科比特、一位狂热宗教信徒的过失，布思确实有可能会被生擒。

上方一再发出警告：在没有命令的情况下不得向布思开枪，可是科比特却说他已经得到了指令——那是伟大的上帝直接下达给他的。

烈火已经在仓库内熊熊燃烧，透过越烧越大的缝口，“波士顿”科比特看见布思已经摔开了拐杖，放下卡宾枪，举起左轮手枪跳向门边。

“波士顿”科比特非常肯定：布思会扣动手枪的扳机为自己开路，从而做最后的垂死挣扎，尽管他浑身上下都已经着火。

为了阻止无谓的流血，科比特朝前迈上一步，扛起步枪，瞄向准星，为布思作最后的祷告，然后扣动扳机。

随着子弹的爆破声，布思尖叫一声，一只脚在空中跷起，随之身体往前一倾，脸部重重地跌在干草堆里；布思遭受的是致命伤。

这时候，烈焰正迅猛地向干草堆蔓延。贝克中尉担心那奄奄一息的混账会被大火吞噬，急忙冲进火海，缴下布思手中紧握的短枪。为提防布思装死，贝克一把将他的双臂捆绑在一起，拽在自己的手中。

旋即，布思被押往加勒特家的门廊下。一位士兵跃马向三英里外的罗伊港飞驰，他要在那里为布思找名医生治伤。

加勒特夫人有个妹妹和她住在一起，名叫哈洛韦小姐，在学校任教。当她得知那个躺在门廊冬青藤下奄奄一息之人就是人见人爱的浪漫派演员约翰·威尔克斯·布思时，她主张必须给予他温柔的善待。于是，她差人从屋里拖出一张床垫让布思躺下，并且还取出自己的枕头给他枕上；继而，她将布思的头放在自己的大腿上，喂他喝酒。然而，布思的喉咙似乎已经麻木、僵硬，无法吞咽。于是，这位温柔的小姐取出手帕，沾上水，不厌其烦地为他湿润双唇和喉咙；接着，又给他按摩前额和太阳穴。

布思咽气前曾苦苦挣扎了两个小时。他一会儿要求把脸翻至左边，不停地咳嗽、喘息；一会儿又哀求康格上校将双手重重压在他的喉咙部位，万分痛苦中，他大喊大叫："杀了我吧！杀了我吧！"

他请求给自己母亲捎去最后一句话："告诉她……我所做的……是世上最棒的一件事……我是为……我的国家而死的。"

临终之际，布思要求旁人帮他将手抬起来，这样他就可以再看这世界最后一眼。但是，旁人均呆立着，没有任何表情。布思嘟囔道："混账东西！混账东西！"

这是他离世前最后的言语。

布思合眼之际，太阳正在加勒特家院子里的老洋槐树上冉冉升起。他的下巴痉挛着偏向一边，双眼朝着脚跟方向望去……他的眼球已开始肿胀，发出汩汩的声响；突然间，他停止了一切动作，双腿直挺，脑袋歪向一边。布思完蛋了。

此时是早上七点，较林肯那天的离世早二十二分钟。"波士顿"科比特的子弹射中了布思的后脑勺，较之布思射向林肯的部位约低一英寸。

医生剪下布思的一缕头发送给哈洛韦小姐。该小姐将这缕头发，以及沾有布思血迹的枕头一直珍藏在身边。不过，晚年的哈洛韦小姐穷困潦倒，不得不割舍出让枕头的一半，用以换回一桶面粉。

31

就在布思即将断气之际，密探跪下来搜查了他的全身。密探搜出的物品有：一只烟斗，一支长猎枪，两支左轮手枪，一本日记，一副沾满蜡烛滴液而感觉脏兮兮的指南针，一张300美元的加拿大银行支票，一个钻石饰针，一副指甲锉，五张漂亮女人的照片。这几位女人都是布思的崇拜者，其中四人是演员：埃菲·热尔蒙、艾丽斯·格雷、海伦·韦斯顿，以及“可爱的费伊·布朗”——华盛顿的名流，“芳名”被其后人津津乐道。

紧接着，多尔蒂上校从马背上拽下一张毛毯，再向加勒特夫人借来一根缝针，旋即用毛毯将尸体包裹、缝紧。他们给老黑奴内德·弗里曼2美元的酬劳，要求他将尸体拖往波托马克码头，有艘船已经停靠在那里，等待装运。

关于尸体运送码头的过程，拉斐特·C.贝克在其所著的《美国特工史》一书的第505页有过详尽的描述：

> 马车启动了，布思的枪伤处开始滴血。伴随着马车转动时的嘎吱嘎吱声，血液流淌到车轴上，滴在马路上，形成可怖的、类似威化薄饼的圆片。血液还渗进了木板，猩红一片……一路上，尸体都在淌血，沿

途处处都是血浆。

贝克在其书中透露,运送过程中还发生了一件意想不到的事情。老黑奴内德·弗里曼的那辆马车残破得“不可思议”,“几乎要散架”。因一路颠簸,再加上负重和疾驰的缘故,其实马车在路上的时候就已经散架了——由于主螺栓突然折断,马车上的零件四散,前、后轮分了家;车厢的前端随之“砰”然倒地,布思的尸体“仿佛在尽最后的努力逃遁”。

贝克中尉只好放弃这辆寿终正寝的破车,再从邻近的农夫那里要来了另一辆马车,将布思的尸体拴牢,继续向港口奔去。在那里,政府的“约翰·S.艾德”号拖船正准备将尸体运往华盛顿。

次日拂晓,布思被击毙的消息不胫而走,放置布思尸体的“蒙托克”号弹药船就停靠在波托马克港。整个首府人头攒动,满怀着好奇的人们奔往河岸,翘首直盯着那艘放置尸体的船只。

下午三四点钟,情报署署长贝克上校急匆匆地向斯坦顿报告:一群人在“蒙托克”号船上不听指令,有个女人还剪下了布思的一缕头发。

斯坦顿大为吃惊。“布思的每一根头发都会被暴民珍藏。”他嚷道。

斯坦顿担心,这些头发不会是布思的遗物那么简单。一直以来,他都认为林肯被暗杀是南部邦联领导人和杰斐逊·戴维斯的阴谋。他担心他们会劫持布思的尸体,利用他来展开宣传攻势,以此激发南方奴隶主的热情,从而挑起新一轮的内战。

于是,斯坦顿下令从速、秘密掩埋布思的尸体,布思必须从人们的记忆中消失,包括他的小件饰物,他的衣服和头发。总之,布思的一丝一毫都不能留下，以防止南部邦联将其作为宣传的工具。

斯坦顿签发了命令。当天夜晚，夕阳隐去，乌云笼罩，贝克上校及其侄子贝克中尉，走进一艘小快艇驶往“蒙托克”号弹药船。两人登上弹药船，在众目睽睽之下完成了这样三件事情：首先将布思的尸体取下，装进一个松木弹药盒里，随即将盒子移至紧挨弹药船的小快艇里；接着，他们收起巨型弹丸和沉链；旋即，两人爬进船舱，向下游驶去。

正如密探们所料，岸上好奇的民众沿着河堤狂奔，激起淤泥四溅。他们相互推搡，大声地交谈，目的就是要亲眼目睹尸体掩埋的具体地点。

民众足足跟随着弹药船奔走了两英里。这时，夜幕环绕了整个河域，乌云遮蔽了月亮和星星，哪怕是最敏锐的双眼也无法看清河流中的小快艇。

快艇抵达吉斯堡尖地，那是波托马克河最为僻静的地点之一。贝克上校确信他们已经远离了人们的视线，于是，他们向大沼泽奔去。那是一个恶臭熏天的沼泽地，军队的死马、死驴都掩埋在此。

为了探察是否被跟踪，两个密探在这可怕的泥潭里待了好几个小时。不过，他们听到的只不过是牛蛙的鸣叫和莎草下潺潺的水声。

子夜来临，两人屏住呼吸，一言不发，以高度的警觉返途向上游划去，深恐船桨和河水在船舷上的碰撞声惊动了四周。

终于，两人抵达一座监狱的古旧围墙边缘。这座坚固的砖石建筑原先就开有一个门洞通往河边。两人将船只划靠洞口，与监狱长官对接暗号之后便将白松木棺材移交，棺盖上印有“约翰·威尔克斯·布思”的字样。半小时之后，棺材被埋进一间大房子西南角的一个浅墓穴里，那间房子是政府的弹药储藏室。下葬完毕，两人将墓穴之上的泥土抹平，这样就与周围的平地没有二致了。

次日清晨，太阳升起之时，两人沿着波托马克河返回。途经吉斯堡大沼泽时，因要避开数具死驴的腐尸，两人不免紧张起来。

全国上下都在打探布思尸体的处理方式，但只有八个人知道其中的内幕，他们起誓永不泄密。

于是，在一种神秘色彩的笼罩下，谣言满天飞，报刊也加入其中。《波士顿广告报》说，布思的头和心脏已经被存放在位于华盛顿的军队医学博物馆里。而其他一些报刊则说，尸体已经被抛入大海；甚至有的报纸说，尸体已经被焚烧了。有一家周刊还刊出一幅所谓"目击者"描绘的草图，说是尸体在子夜之时被抛进了波托马克河。

谣言甚嚣尘上，还出现了另一则传言：士兵误杀他人，布思已经逃之夭夭。或许，这则传言源于这样的事实：死后的布思遗体所呈现的样貌与其生前完全两样。约翰·弗雷德里克·梅医生是斯坦顿指派前往"蒙托克"号弹药船辨认尸体的人员之一，时间是1865年4月27日。梅医生在华盛顿地区享有声望。他说：

> 当遮盖尸体的防水油布被掀开时，我惊呆了。那具尸体所呈现的样貌与我之前所见过的布思本人完全不一样。我相当惊讶，不禁脱口向站在一旁的巴恩斯将军说道："这具尸体压根就不像布思，我不相信这就是布思本人。"……片刻之后，应我的要求，尸体被竖立摆放。我站起来，自上而下看去，终于，我有那么点儿认出了布思的五官。在此之前，我从未见过人在生死之间躯体有如此大的差别。眼前这具形容如

此憔悴的尸体,肌肤已经发黄,头发蓬乱缠结。由于长期的风餐露宿,忍饥挨饿,面部肌肉瘦削而塌陷。

在场的其他人甚至根本无法辨认出尸体就是布思，于是他们的疑团在市内散布,谣言也因而四起。

尽管政府严格把守尸体且迅速掩埋,斯坦顿也拒绝提供任何相关消息,但谣言还是四散开来。

首都一家名为《宪政联盟》的报刊认为,整个事件就是一个骗局,其他一些报刊也加入这种叫嚣。《里士满观察家报》回应说:“我们知道布思逃脱了。”而《路易斯维尔日报》则公开指责称:“在事件的整个过程中有人使坏,贝克及其同党阴谋敲诈美国财政部。”

媒体的渲染愈演愈烈。正如以往类似个案一样,目击证人一下子冒出了数百人，人人都称自从加勒特仓库那场狙击战之后见过布思，还和他交谈过。他去了这儿,去了那儿,他无处不在。他逃往加拿大,跑去了墨西哥,登上开往南美的客轮,逃奔了欧洲,蛰伏在弗吉尼亚,藏匿在亚洲的一个小岛上,等等,不一而足。

由此,美国历史上最广为流传、最经久不息的神话诞生了。它持续流传了近四分之三个世纪,时至今日,仍有成千上万的民众相信那些流言,其中还不乏智力超凡之人。

甚至高等学府里的一些学养之人也相信流言。有一著名的神职人员在这个国家的大江南北巡回演说,他向无以计数的听众宣称布思已经逃脱。而就在本文作者在撰写这一章节的时候，还被一位受过科学训练的人士严肃告知:布思已经自由了。

布思死了。事实如此,毫无疑问。那个在加勒特烟草库里被枪杀的人在死前曾绞尽脑汁、想方设法要挽救自己的性命。尽管其想象力丰富无比,但哪怕是在他玩命抵抗的时候,也从没有否认自己就是约翰·威尔克斯·布思。布思死了,可世人还要作出诸多揣测,这太荒唐,太不可思议了。

为了再次证实布思确实已经被击毙,其尸体运抵华盛顿之时,斯坦顿即派出十人前往验尸。其中之一就是上文提及的梅医生。布思生前曾经请他切除其颈部的"一大块纤维瘤",而愈合的伤口还留下了"一大块难看的伤疤"。梅医生凭此伤疤认出了布思。他说:

> 从所捕获的尸体来看,任何布思生前的蛛丝马迹都已经荡然无存。但是,手术刀在其生前所留下的痕迹是无法消失的。这样一来,任何疑点都不复存在。这就是布思,暗杀总统之人。

梅里尔牙医也确认了尸体,因为他认出了不久前他给布思补牙时填充进去的材料。

布思曾经入住国家大酒店。酒店职员查尔斯·道森认出了布思右手上的文身"J.W.B",那是布思全名的首字母缩写。

华盛顿著名摄影师加德纳也确认了尸体。亨利·克莱·福特是布思的密友之一,他也认为尸体就是布思本人。

1869 年 2 月 15 日,安德鲁·约翰逊总统下令掘开布思的坟墓,布思密友们再次确认了尸体的真实性。

坟墓挖掘之后，布思的尸体被移往巴尔的摩，准备在布思家族的格林山公墓下葬。下葬之前，尸体得到布思兄弟、母亲及其生前密友的确认。

恐怕，这个世上再没有其他人在身后如布思那样被仔细确认尸首。

然而，谣言还是在盛传。19世纪80年代，许多人认为居住于弗吉尼亚里士满的J. G.阿姆斯特朗就是伪装过的布思，因为阿姆斯特朗长着一双炭黑色的眼睛，乌油油的黑发长及颈部，从而遮盖了伤疤，再加之一条瘸腿以及夸张的举止——人们据此判定此人便是布思。

还有好些布思冒出来，前后不下二十人。

1872年，田纳西大学的学生们亲耳聆听了有关“约翰·威尔克斯·布思”的说明会。演说者以魔幻般夸张的表述娓娓道来：布思和一个寡妇结婚了，腻烦她之后便告诉她，他就是真正的暗杀者；还说他要去新奥尔良，那里有笔财富在等待着他。至此，他失踪了，“布思夫人”再也没有听到过他的任何消息。

19世纪70年代末，得克萨斯州格兰伯里，一位患有哮喘的酒吧老板，醉意朦胧地向一个名叫贝茨的年轻律师“坦承”，他就是布思。他给贝茨看其颈后那道难看的伤疤，还煞有介事地透露说，副总统约翰逊劝说他去暗杀林肯，并且许诺，万一被捕，将给予其特赦。

时光又过去了四分之一世纪。1903年1月13日，在俄克拉荷马州恩尼德的大道酒店，一位名叫戴维·E.乔治的瘾君子服食毒品马钱子碱自杀，其生前是油漆工人。死前，他“承认”自己就是约翰·威尔克斯·布思。他说，暗杀林肯之后，朋友将他藏匿在箱子里并带上了开往欧洲的轮船，之后他在欧洲生活了十年。

贝茨律师从报刊中得知这一消息后，便立即前往俄克拉荷马，检视尸体后断定，这位戴维·E. 乔治就是二十五年前向他“坦承”暗杀经过、居住在得克萨斯州格兰伯里、患有哮喘的酒吧老板。

贝茨差使殡葬服务员将戴维·E. 乔治的头发梳理成布思生前的样式，然后将尸体做防腐处理，运往其家乡田纳西州孟菲斯，完好保存了二十年。期间，他不断要求政府当局要为其捕获布思支付高额酬金。

1908 年，贝茨写了一本荒唐滑稽的书，书名为《约翰·威尔克斯·布思的逃亡和自杀》，又名《暗杀林肯的第一手真相披露——作案数年之后布思的完全告白》。此书售出七万册，引起一时的轰动。贝茨还向亨利·福特兜售“布思”的木乃伊，索价 1000 美元。最终，“布思”木乃伊在南方巡回展出，每场票价是 10 美分。

现如今，在各类嘉年华或杂耍会上，总共有五副布思的脑壳 展出。

32

搬离白宫之后，林肯夫人的生活陷入困境，而她那频频失态的表现，也成为国人茶余饭后的谈资。

在家庭开支方面，林肯夫人是极度吝啬的。按照惯例，总统在每个季度里都必须组织系列的国宴，可夫人却不断和总统争执，要求废除这一传统。她说国宴的费用非常昂贵，现在是战争时期，公共接待应该“节俭”。

有一次，林肯不得不提醒夫人，我们必须考虑节俭以外的一些事情。

但是，一旦涉及那些虚荣的东西，比如衣物和珠宝，夫人不仅可以忘记节俭这码事儿，还会失去一切理智而放纵自己，疯狂花费金钱。

1862 年离开大草原时，夫人信心满怀地期冀，自己凭着“总统夫人”的头衔，一定会成为华府社交圈里闪烁群星的中心。然而，令人备感诧异和羞辱的是，这座南方都市里的达官权贵却排斥她、蔑视她。在他们的眼里，她，一个肯塔基人，已经背叛了南方，因为她嫁给了一个粗鲁的“黑奴热爱者”，是她的丈夫发起了一场战争，矛头直指南方。

除此之外，她的身上没有任何可爱之处。她是一名悍妇，小气，粗俗，心胸狭窄，反复无常。事实的确如此。

由于不能赢得上流社会的青睐，夫人妒恨那些社交圈中的红人。当时，叱咤华府社交圈的当红人物是大美人阿代勒·卡茨·道格拉斯，其丈夫就是林肯夫人的前情人斯蒂芬·A.道格拉斯。彼时，道格拉斯夫人以及萨蒙·P.蔡斯的千金在华府魅力四射，这引得夫人妒火中烧，她下定决心要以金钱来赢取社交方面的胜利——不惜血本为自己购置衣物和珠宝。

夫人对伊丽莎白·凯克雷说："为了外表的华贵，我得有钱，多过林肯先生给我的钱。他实在是太老实了，不敢收取工资以外的任何报酬，因而我别无他法，只有借债置装。"

夫人债务缠身，高达7万美元之多！林肯任职总统的年薪为2.5万美元。多么可怕！总统单单为夫人添置华丽服饰就得用尽其两年零九个月的薪金，一分不剩！

伊丽莎白·凯克雷和我有过数次交谈。该女士是名才智非凡的黑人妇女，赎回自由之身之后，她来到华盛顿开设裁缝铺。时隔不久，她的手艺便赢得了首都上流人士的垂青。

1861年至1865年期间，凯克雷与林肯夫人在白宫几乎朝夕相伴，她在为夫人缝制衣物的同时还照料其起居。最终，凯克雷成了夫人的知己和顾问。林肯奄奄一息的那天晚上，她是夫人的唯一陪伴者。

凯克雷就其白宫经历写有一书，这对历史的真实再现是非常幸运的。此书有近半个世纪没有重印过，不过首版还是可以在书商处淘到，售价10至20美元。它有一个相当冗长的书名：现场背后，伊丽莎白·凯克雷著，作者原为女奴，但现今为亚伯拉罕·林肯夫人的女裁缝和密友；三十年的女奴生活，四年的白宫生涯。

伊丽莎白·凯克雷回忆了1864年夏季林肯角逐连任时的情形：林肯夫人几乎疯了，她担惊受怕，焦虑不安。

为何？因为夫人在纽约的其中一位债主威胁要起诉她；此外，林肯的政敌还可能利用夫人欠债之事大做文章，从而击败林肯。

"如果他能连任，我可以将债务之事包裹得严严实实，不让他知道。可一旦他失败，账单就会接二连三地汇到，那会儿啥事都不可能瞒过他。"夫人歇斯底里地大哭大叫。

"我可以跪下双膝为你拉选票。"夫人对林肯大喊。

可林肯说："玛丽，我担心你这过度的焦虑得不到好的回报。如果我连任了，一切无恙；可如果我下来了，你得承受失望。"

"难道林肯先生没有怀疑过您的欠债吗？"凯克雷曾经这样询问夫人。

林肯夫人是这样回答的（叙述于凯克雷的著作第150页）：

> 噢！上帝，这万万不可！　　这是夫人最喜欢的表达方式，我是不会让他知道的，如果他得知自己的妻子欠债之多，他一定会发疯的。

凯克雷认为，林肯被刺的唯一欣慰是，他对夫人的债务一无所知。

林肯下葬不到一周，其夫人便想尽一切办法，向宾夕法尼亚大道的一间商铺兜售林肯那绣有姓名缩写的衬衫。

闻及此事，心情沉重的苏厄德前去将衬衫全部买下。

林肯夫人离开白宫时带走了好些箱子，光包装箱就用去五十个。

这事引起一片哗然。

之前，夫人已经连番受到公众的批评。人们指责她通过伪造款待拿破仑王子的账单骗取国家财政部的资金；而她的宿敌也指出，她离开白宫时不应该带走满车的家什，因为当年来到白宫时她的家当寥寥无几……为何她这会儿会有如此之多的财物？……她是否在抢劫？她是不是要竭尽全力抢夺白宫的一切？

哪怕是在1867年10月6日——夫人离开华盛顿近半年之后，克利夫兰·赫勒尔德在谈及她时还说道："必须让这个国家知道，谁在对白宫进行价值高达10万美元的洗劫，必须确认谁是这场浩劫的利益获得者。"

千真万确，在这位"玫瑰女王"掌控白宫的岁月里，大量财物失窃，可过错几乎无法归咎于她。当然，她也有错，她解雇了管家及其手下的工作人员，理由是出于节俭的考虑，由她本人监控白宫的家务。

她尽力而为了，可除了门把手和炉灶之外，仆人无所不偷。1861年3月9日出版的《华盛顿明星报》有过这样的报道：首次参加白宫招待会的客人均遭偷窃，脱下的大衣和晚装无法找回。此后不久，白宫里的家具开始被整车运走。

五十个包装箱，还有数不胜数的行李箱！置于其中的为何物？垃圾，大部分都是垃圾：无用的礼品、文具用品、一文不值的字画和书籍、蜡具、鹿头，还有大量的旧式服装和鞋帽——款式老得掉牙，都是夫人来白宫之前在斯普林菲尔德的穿戴。

凯克雷说："林肯夫人怀旧之情相当浓重。"

夫人在打点行装时，其刚从哈佛大学毕业的儿子罗伯特建议在箱子里放根火柴，他说："我祈求上苍，在前往芝加哥的途中运货车起火，一把将您那些破旧的玩意儿烧尽。"

凯克雷回忆说，林肯夫人离开白宫的早晨，"没有人和她道别，那种寂静是令人痛苦的"。

甚至连新任总统安德鲁·约翰逊也没有给她送行。事实上，暗杀事件之后，约翰逊没有向她表达过片言只语的同情。他知道夫人瞧不起他，这会儿他要以牙还牙。

尽管荒谬，但史实表明，林肯夫人坚信安德鲁·约翰逊是暗杀林肯的幕后支持者。

林肯的遗孀带着两个儿子——泰德和罗伯特——来到芝加哥。起初，他们在特雷蒙特大楼逗留了一周，可是由于消费昂贵，他们只好搬到一个名为海德公园的避暑地，在那"窄小、装饰普通"的房了里住了下来。

由于住不起更好的房子，林肯夫人日夜哭泣，拒绝和老朋友或亲戚会面，甚至通信。安顿下来之后，她开始教泰德写字。

泰德曾经是林肯的至爱。他的全名是托马斯，但林肯昵称他为"泰德"或"泰德波尔"，因为小时候泰德长了个非同寻常的大脑袋。

泰德常常与父亲共眠。这孩子在熟睡之前，往往会躺在白宫办公室附近，一旦入睡，父亲就抱起他，放到床上。泰德有轻微的口吃，父亲因此而逗他，而这聪明的孩子就是抓住这一点，让企图启蒙他的人屡屡受挫。现在他已经十二周岁了，可还不识字，也不懂写字。

凯克雷回忆说，在一堂拼写课上，泰德用去整整十分钟争辩说“a-p-e”就是猴子，因为这单词上有个木刻的插图，在泰德看来，那就是只猴子。在三个人齐心合力的教诲下，泰德才承认自己之前的错误。

林肯夫人使尽一切办法说服国会支付她10万美元，说那是林肯连任的薪酬。国会拒绝了她的要求，于是她尖刻地责骂那些阻碍她实现愿望的人为“魔王”。

她说：“魔王死前定会受到审判。”

国会最终还是给了夫人2.5万美元，这大约是林肯余下总统岁月的薪酬——如果他不被暗杀的话。凭着这笔钱，林肯夫人在芝加哥买下一栋正面外墙为大理石的房子，并且将之粉饰一新。

两年过去了。这期间，林肯夫人的支出越来越多，债主们的怒吼声不绝于耳。很快，林肯夫人只有将房子租出去；至最后关头，她不得不放弃自己的家而搬进一所出租屋里生活。

夫人的经济来源几乎没有。如其所言：1876年9月，她已经压抑难耐，仅可卑贱地生存。

于是，林肯夫人打点行囊，带上破旧的衣物细软和手饰，头上戴着绉绸面纱奔向纽约，过起隐姓埋名的生活。在那里，她注册的姓名为“克拉克夫人”。她找到凯克雷，从她那里搂了满满一袋的旧衣裙，坐上马车，直奔第七大道出售旧衣服的商铺。林肯夫人想抛售自己的衣橱，可商人给出的价钱实在令人失望。

经过几个月的拖延和口诛笔伐，夫人最终还是得到了每年3000美元的养老金。

1871年夏季，泰德死于伤寒。林肯夫人仅剩的一个儿子罗伯特也在当年完婚。

孤独、无助、绝望，玛丽·林肯整天生活在患得患失的极端失态之中。有一天，在佛罗里达州的杰克逊威尔，林肯夫人买来一杯咖啡，可就是拒绝喝下去，硬说咖啡里放有毒药。

有一次，在开往芝加哥的火车上，林肯夫人电告自己的家庭医生，哀求他挽救罗伯特的性命，可罗伯特压根儿就没有得病。家庭医生前去接车，在太平洋大酒店和林肯夫人待了一个星期，试图安抚她，平息她的古怪念头。

在酒店期间，林肯夫人常常半夜里冲进医生的房间，说“有魔鬼要杀她”、“印第安人正从她的脑壳里拉线”、“医生们正从她的脑子里拔钢针”。

在白天，林肯夫人会瞎逛商店，无聊地傻购一气。例如，她可以花上300美元买上一幅带有花边的窗帘，可她根本没有家，也没有房子可以挂这玩意儿。

罗伯特·林肯心情沉重地走向芝加哥的县法院，要求判决自己的母亲患有精神失常病症。一个由十二人组成的陪审团最终判定林肯夫人心智不全，由此，她被送往位于伊利诺伊州巴达维亚的一所私立精神病院进行治疗。

不幸的是，经过十三个月的治疗，林肯夫人被放了出来——在没有治愈的情况下准予出院。这位可怜的、疾病缠身的妇人漂洋过海，来到陌生的环境里生活。她拒绝与罗伯特通信，也不告知自己的详细住址。她在法国孤零零地生活。有一天，她攀踩梯子想在壁炉上方挂幅油画，但梯子突然折断，她摔了下来，伤及了脊椎。在相当长的一段日子里，林肯夫人均无法行走。

临终之前，夫人回到了自己的家乡。在斯普林菲尔德，她在姐姐爱德华兹女士家走到了生命的尽头。她不停地向姐姐哀求："你一定要为我祈祷，让上帝将我带到我的丈夫和孩子们的身边。"

尽管当时夫人仍有6000美元的现金以及7.5万美元的政府债券，可她仍然常常处于对穷困的忧虑当中；而且，她常常害怕时任战争部长的儿子罗伯特会如其父亲一般遭到暗杀。

林肯夫人渴求自由，但又忍受不了严酷的现实所带来的压力，于是她拒不见人，门窗紧闭，房间里不留一丝亮光。就算是在阳光普照的日子里，她也会在屋子里点燃蜡烛。

林肯夫人的医生说："任何恳切的要求，都无法诱使她走出户外去沐浴新鲜空气。"

在屋子里，在幽静、凄清的烛光下，林肯夫人的记忆插上翅膀回到了严酷的久远年代，最后停驻在她那珍贵的少妇时光：她想象着自己再次和斯蒂芬·A.道格拉斯共舞一曲华尔兹，欣赏着道格拉斯优雅的举止，聆听着他那音乐般美妙的嗓音，她醉了……

有时候，林肯夫人会想起她的另一位情人，一个名叫亚伯拉罕·林肯的年轻人，那天晚上，他前去向她求婚。没错，他只不过是个穷得叮当响、睡在斯皮德店铺里、为生计而苦苦挣扎的律师，但是她坚信，如果她努力地激励他，他有可能成一名总统。她盛装打扮，为的是赢得他的爱慕。尽管这十五年来林肯夫人天天以黛色衣装度日，可在陷入回想的时候，她会悄悄溜进斯普林菲尔德的商铺里，"整箱、整车地狂购丝织品和衣物，但她从来都没有穿过。衣物越积越多，真担心贮藏室的地板会塌下来”。林肯夫人的医生回忆道。

1882年，在一个宁静的夏夜，这颗千疮百孔、疲惫不堪的心灵终于如林肯夫人自己所祈祷的那样得到了解脱。在一次突然发作的癫痫之后，林肯夫人在其姐姐家中静静地走完了自己的一生。四十年前，正是在那栋新房子里，亚伯拉罕·林肯给她戴上了一枚婚戒，上面刻着：挚爱永恒。

33

1876 年，一伙造假的骗子试图盗取林肯的尸骨。这是一则骇人听闻的往事，不过极少有史籍谈及。

"大吉姆"基尼利的黑帮是最为老奸巨猾的，曾经让美国秘密警察署大为光火。在（19 世纪）70 年代，"大吉姆"在伊利诺伊州林肯那玉米和家猪遍地的故乡公开设立总部。

长年以来，"大吉姆" 的那群 "态度温和的强盗"——他们常被如此称呼——已经在全国范围内伪造和流通了大量的 5 美元钱币，其所获利益令人咋舌。但是，1876 年春季，这伙人遭遇了致命的打击，因为制造假币的原材料几乎枯竭，并且为他们伪造雕版的专家本·博伊德锒铛入狱。

"大吉姆"已经在圣路易斯和芝加哥游荡了好几个月，企图发掘出具有雕刻手艺的新人；但他一无所获。最终，"大吉姆"下定决心不惜一切代价将无价之宝本·博伊德弄出监狱。

"大吉姆"想到了盗窃亚伯拉罕·林肯尸骨的主意。他的构想是：待整个北方对此行为愤怒之际，他再平静地抛出交易砝码——他同意交还那神圣的尸首，条件是本·博伊德获释，外加一大堆金子作报酬。

这是在冒险吗?非也。因为伊利诺伊州没有任何法律条文提及对偷盗尸体的处罚。

1876 年 6 月,“大吉姆”准备行动了。他将自己的五个同谋派往斯普林菲尔德开设酒吧和舞厅,以酒吧招待的身分暗地里为行动作筹备。

可笑的是,其中一位“招待”在 6 月里的一个周六夜晚喝得烂醉,然后来到斯普林菲尔德的红灯区胡言一通。这醉鬼还吹嘘自己马上就可以得到满满一桶的金子。

这位“招待”将计划和盘托出:7 月 4 日的前夜,当斯普林菲尔德焰火四射之际,他会去奥克里奇公墓盗取林肯的那把老骨头,至夜晚,他再将尸骨埋在位于桑加蒙河大桥底下的沙堤里。

一小时之后,妓院的老板娘急匆匆地赶到警局报案。黎明之前,她已经将这一“秘密”传达给了“整营”的男人。顷刻之间,消息在全镇传开,那些伪装的酒吧招待员只得扔下作案工具逃之夭夭。

但是,“大吉姆”并未因此而泄气,只不过是将行动延缓了一步。他将总部从斯普林菲尔德转往芝加哥的麦迪逊西街 294 号, 同样是以开设酒馆掩人耳目。在酒馆的前院,他的喽啰特伦斯·马伦专事卖酒;而后院则是“大吉姆”和同党们密谋、聚会之所。酒馆门前摆放着林肯的半身塑像。

有个名叫刘易斯·G.斯韦格斯的盗贼已经在酒馆里为“大吉姆”效劳了好几个月。他坦承自己因为盗马曾经两度入狱,吹嘘自己是“芝加哥地区的拐骗老手”。他还透露说,城里医学院大部分尸体均取自于他。这在情理之中,因为盗墓是举国惊骇之事,医学院为了得到供课堂解剖的尸体不得不求援于盗尸贼。那些盗尸贼往往在凌晨两点潜入目的地,一双贼眼藏在鸭舌帽下;成事之后,他们将盗品装进袋里,往背后一摔便直奔交易地点。

斯韦格斯及"大吉姆"一伙就盗窃林肯之墓的具体步骤达成共识:将尸首装进一个长形口袋里,袋子绑缚在马车上,雇请壮马以最快的速度接力奔向印第安纳北部。那里荒无人烟,只有水鸟出没,尸体隐藏在沙丘中就行了,因为湖面上刮过来的阵风很快就可以将过往的痕迹吹得一干二净。

离开芝加哥之前,斯韦格斯买来一张伦敦出版的报纸。他撕下报纸的一角留下,其余的部分塞进了酒馆门前林肯半身塑像的里面。11 月 6 日晚,他和"大吉姆"的两个喽啰带上那张残缺的报纸,登上了"芝加哥和阿尔顿"号火车前往斯普林菲尔德。他们计划在盗走尸体的时候,将报纸扔在空荡的石棺一旁,作为"线索"以误导侦探。待举国上下一片茫然之际,他们再派人和政府谈判:以价值 20 万美元的金子以及本·博伊德的无罪释放赎回林肯的尸骨。

那么,政府官员又如何能够确信这位自称谈判代表的人不是骗子呢?这伙人让他带上那张伦敦报纸,因为报纸一旦与探员在墓地里捡到的残留部分对接,当局一定会认为他就是地地道道的盗尸者的谈判代表。

这伙人如期到达斯普林菲尔德。他们的出发日期被斯韦格斯称为"真他妈的优雅时刻",因为 11 月 7 日是选举日。几个月以来,民主党人一直都在谴责共和党内部的贪污和腐败,加之共和党在内战时期在民主党人面前挂起了一件"血衣",这些都给格兰特的执政涂抹上了一撮污迹。这是美国历史上最痛苦的选择之一。那天晚上,正当兴奋异常的人们拥向新闻中心和酒馆之际,"大吉姆"他们急匆匆地奔往奥克里奇墓地,此时天幕一片漆黑,空无一人,他们锯开林肯坟墓的铁锁,步入墓地,掀开石棺上的大理石,再将木棺的盖子打开。

一伙人差遣斯韦格斯去把车子和壮马牵过来。斯韦格斯走下悬壁，一溜烟地消失在茫茫的黑夜里。他已经安排好一切，车子和壮马已经等候在纪念碑东北角二百码开外的一个深沟里。

事实上，斯韦格斯并非盗墓者。他是一名已经洗心革面的犯人，现在受雇于秘密警察署充当卧底。其实，深沟里并没有任何车、马，等候斯韦格斯的是八名侦探，他们在墓地的纪念堂等候。斯韦格斯绕回墓地，给侦探们发出预先设置的信号:他划燃一根火柴，再将雪茄点着，向对方暗语了一声。

这八名长袜裹腿的探员闻声而起，手中紧握左轮手枪，冲出藏身之处，尾随斯韦格斯绕过纪念碑，步入漆黑一片的墓地，大声喝令盗贼缴械投降。

一点儿反应也没有！秘密警署的头儿蒂勒尔点亮一根火柴，棺材还在，一半外露在石棺上。盗贼逃到哪里去了呢?探员们四处搜索，月亮正悄然爬上树梢。蒂勒尔冲向纪念碑的平台，依稀辨认出两个人影，他们正从一群雕像后面朝他虎视眈眈。在迷惑的冲动中，蒂勒尔扣动扳机，向他们开了两枪，对方很快做出回击。然而他们并非敌人，蒂勒尔在向自己的随从开火。

十天之后，盗贼在芝加哥被捕，随即被押往斯普林菲尔德监狱，受到重兵的日夜监守。事件曝光之后，公众表现出强烈的不满和愤恨。林肯的儿子罗伯特此时已是富商普尔曼家族的女婿，他聘来芝加哥最优秀的律师起诉这伙盗贼。然而，当时伊利诺伊州的法律没有处置盗尸贼的明文规定，如果盗贼真的偷去了尸首，他们还有可能因此而受到指控；然而，他们的行动未遂，尸体并没有被搬移坟墓。所以，这位来自芝加哥的最棒的同时也是收费最昂贵的律师只能指控盗贼阴谋盗棺，从而要求处以 75 美元的罚款以及最长为五年的刑期。然而，这桩诉讼刚刚持续了八个月，公众的愤慨就几近散去，因为当时的政治斗争如火如荼。在第一轮判决中，四个陪审员宣判被告无罪。经过好几轮的审判，十二名陪审员最后达成妥协：这伙盗贼被送往若利耶监狱服刑一年。

由于林肯的朋友们担心他的尸首还可能受到其他盗贼的光顾，林肯纪念委员会将其棺木装入一个铁棺里移往地下墓穴安放。这其实就是一个地窖，潮湿且黑暗，上面堆放着一大堆木板。在整整两年的时间里，那些前往朝拜林肯的有心人所拜叩的只不过是一具空空的石棺。

由于种种原因，林肯的遗体总共搬移过十七次——可能移动的次数还会更多。现在的棺材已经被一个巨大的钢球和坚固的混凝土所包围，被置于坟墓之下六英尺之处，置放的日期是 1901 年 9 月 26 日。

那天，棺木被打开，人们最后一眼看到了林肯的面貌。当时在场目睹一切的人都说林肯神态自若。林肯已经去世三十六年，由于防腐措施得当，他当时看起来和在世时的模样没有二致，只是他的脸色有点黑，他那条黑色领带上长了个霉点。

经典译林

Yilin Classics

书名	单价	书名	单价
癌症楼	78.00 元	艾青诗集	35.00 元
爱的教育	39.00 元	爱丽丝漫游奇境	29.00 元
安娜·卡列尼娜	65.00 元	安徒生童话选集	42.00 元
傲慢与偏见	36.00 元	奥德赛	92.00 元
八十天环游地球	32.00 元	巴黎圣母院	42.00 元
白洋淀纪事	39.00 元	百万英镑	35.00 元
包法利夫人	38.00 元	悲惨世界（上、下）	98.00 元
背影	28.00 元	被侮辱与被损害的人	39.00 元
边城	36.00 元	变色龙：契诃夫中短篇小说集	39.00 元
变形记 城堡	38.00 元	草叶集：惠特曼诗选	39.00 元
茶馆	32.00 元	茶花女	35.00 元
查拉图斯特拉如是说	38.00 元	沉思录	29.00 元
城南旧事	29.00 元	大卫·科波菲尔（上、下）	79.00 元
当代英雄	45.00 元	稻草人	29.00 元
地心游记	32.00 元	飞鸟集·新月集：泰戈尔诗选	39.00 元
飞向太空港	39.00 元	福尔摩斯探案集	58.00 元
复活	42.00 元	傅雷家书	49.00 元
富兰克林自传	36.00 元	钢铁是怎样炼成的	39.00 元
高老头	39.00 元	格列佛游记	35.00 元
格林童话全集	49.00 元	给青年的十二封信	38.00 元

书名	单价	书名	单价
古希腊悲剧喜剧集（上、下）	118.00 元	海底两万里	38.00 元
红楼梦	55.00 元	红与黑	49.00 元
呼兰河传	35.00 元	呼啸山庄	39.00 元
基督山伯爵（上、下）	108.00 元	纪伯伦散文诗经典	42.00 元
寂静的春天	35.00 元	假如给我三天光明	32.00 元
简·爱	39.00 元	金银岛	35.00 元
经典常谈	29.00 元	荆棘鸟	45.00 元
静静的顿河	128.00 元	镜花缘	49.00 元
局外人·鼠疫	38.00 元	菊与刀	35.00 元
克雷洛夫寓言	32.00 元	宽容	32.00 元
昆虫记	39.00 元	老人与海	32.00 元
理想国	45.00 元	聊斋志异	55.00 元
列那狐的故事	39.00 元	猎人笔记	38.00 元
林肯传	39.00 元	鲁滨逊漂流记	39.00 元
鲁迅杂文选集	36.00 元	绿山墙的安妮	36.00 元
罗马神话	16.80 元	罗生门	39.00 元
骆驼祥子	32.00 元	美丽新世界	35.00 元
名人传	39.00 元	拿破仑传	49.00 元
呐喊	29.00 元	牛虻	38.00 元
欧·亨利短篇小说选	36.00 元	欧也妮·葛朗台	32.00 元
彷徨	32.00 元	培根随笔全集	38.00 元
飘（上、下）	88.00 元	普希金诗选	42.00 元
骑鹅旅行记	36.00 元	乞力马扎罗的雪	39.80 元
热爱生命·海狼	38.00 元	人间草木：汪曾祺散文精选	49.00 元

书名	单价	书名	单价
人类群星闪耀时	36.00 元	人性的弱点	39.00 元
日瓦戈医生	68.00 元	儒林外史	42.00 元
三个火枪手	59.00 元	三国演义	59.00 元
沙乡年鉴	42.00 元	莎士比亚喜剧悲剧集	49.00 元
少年维特的烦恼	28.00 元	神秘岛	48.00 元
神曲（共三册）	128.00 元	十日谈	68.00 元
世说新语（上、下）	89.00 元	双城记	45.00 元
水浒传	69.00 元	四世同堂（上、下）	78.00 元
苔丝	39.00 元	谈美	35.00 元
谈美书简	36.00 元	汤姆·索亚历险记	32.00 元
汤姆叔叔的小屋	45.00 元	唐诗三百首	39.00 元
堂吉诃德	78.00 元	天方夜谭	42.00 元
童年	38.00 元	童年·在人间·我的大学	49.00 元
瓦尔登湖	36.00 元	我是猫	39.00 元
乌合之众	35.00 元	物种起源	42.00 元
雾都孤儿	44.00 元	西顿野生动物故事集	38.00 元
西游记	48.00 元	希腊古典神话	49.00 元
乡土中国	36.00 元	小妇人	45.00 元
小王子	29.00 元	星星离我们有多远	35.00 元
喧哗与骚动	58.00 元	羊脂球	38.00 元
一九八四	36.00 元	一间自己的房间	36.00 元
伊利亚特	82.00 元	伊索寓言全集	35.00 元
尤利西斯	58.00 元	约翰·克利斯朵夫（上、下）	98.00 元
月亮和六便士	45.00 元	战争与和平（上、下）	108.00 元

书名	单价	书名	单价
朝花夕拾	22.00 元	中国民间故事	39.00 元
子夜	49.00 元	最后一课	36.00 元
罪与罚	66.00 元